維根斯坦與《邏輯哲學論》

作者—羅傑・M. 懷特
（*Roger M. White*）

譯者—張曉川

五南圖書出版公司 印行

Wittgenstein's

Tractatus Logico-
Philosophicus

目　錄

前 言

　　如書名所示，本書是為有心鑽研維根斯坦的《邏輯哲學論》的朋友而寫的一本導讀書。這意味著，雖然本書的寫法使得讀它的時候可以不同時讀《邏輯哲學論》，但從本意上說，它是為原著讀者而寫的，目的是讓讀者能在研讀《邏輯哲學論》時予以參考，也能反過來參考。

　　《邏輯哲學論》是一部難讀的文本，因此關於其正確解讀就有了相當多的爭議，而爭議不但涉及特定段落的具體注疏，甚至關乎整本書所論述的主題。凡是討論《邏輯哲學論》的著作，無不會在這點或那點上激起異議。我不可避免地在這本導讀中發展出一套特定的講法，給出我個人對《邏輯哲學論》整體結構的描繪，給出我對其中關鍵段落的解讀，同時在有人提出其他解讀的各處予以提示。有鑑於此，無論哪位作者的著作，凡是論及《邏輯哲學論》之處，讀者絕不可簡單地聽信其言，一定要拿作者的論述與原著文本對勘一番。這條告誡顯然既適用於本書，又同樣適用於其他任何談及《邏輯哲學論》的著作。

　　不太顯然的是，上述告誡也適用於維根斯坦本人在《哲學研究》中寫到《邏輯哲學論》的地方。不少人在讀《邏輯哲學論》之前，已經先行接觸過維根斯坦的後期哲學。當今有關《邏輯哲學論》的一個爭議焦點，正是維根斯坦的哲學從其思想的早期到後期的連續程度。依我個人的看法，連續

成分和非連續成分都被低估了。說連續成分被低估了，是因為他在《哲學研究》中處理的問題大多正是早期也處理過的根本問題，而他的後期著作只有連繫到《邏輯哲學論》的問題來看，方能得到恰當的理解。說非連續成分被低估了，是因為他後來澈底摒棄了此前對那些問題所採取的進路。我們不能理所當然地認為他後來的思想一定比他先前的思想更好。依我個人觀點看，假如你以為《哲學研究》總能取代之前的著作，那麼《邏輯哲學論》中不少極高明的洞見就有喪失的危險。無論如何，讀者應該先按《邏輯哲學論》本身的觀點來評判它，再嘗試評估維根斯坦後來有關它的說法。解讀《邏輯哲學論》時，應該首先把它放在恰當的語境——弗雷格和羅素發起的論辯當中去看。而《邏輯哲學論》雖然屬於《哲學研究》寫作時所處的語境，《哲學研究》卻完全不屬於《邏輯哲學論》的語境。

有關《邏輯哲學論》要強調的另一點是，大家常常以為維根斯坦是一位純粹直覺型的思想家，以為他提出其主要觀點時是沒有論證的。實情恰恰相反。真正來說，維根斯坦的論證都有所提示，只是沒有詳細展開。這本導讀裡，我尤其注重梳理的，不只是維根斯坦說了什麼，還包括他那種格言體說理方式背後所隱含的論證。

我想感謝許多人參與討論《邏輯哲學論》以及協助籌備本書。我要向以下各位表示感激：西格‧漢森（Sig Hansen）、喬納森‧霍奇（Jonathan Hodge）、賈斯汀‧艾恩斯（Justin Ions）、歐金尼奧‧隆巴爾多（Eugenio Lombardo）、安德魯‧麥戈尼格爾（Andrew

McGonigal）、彼得 ・ 西蒙斯（Peter Simons）。尤其要感謝愛妻加布里埃爾（Gabrielle）在本書整個寫作過程中給予我無價的幫助。我也極大地受益於斯德林大學（Stirling University）過去幾年的《邏輯哲學論》研討班，尤其受益於同彼得 ・ 沙利文（Peter Sullivan）的討論。最後，編輯在籌備本書出版時那種可靠的助人精神，也令我十分感佩。

第一章　背　景

維根斯坦生平簡述（至《邏輯哲學論》出版爲止）

路德維希・約瑟夫・約翰・維根斯坦（Ludwig Josef Johann Wittgenstein）1889 年生於維也納。他是卡爾與列奧波蒂娜・維根斯坦夫婦（Karl and Leopoldine Wittgenstein）一家 8 個孩子裡年紀最小的。父親卡爾是富有的鋼鐵工業大亨，還把自己家營造成維也納音樂生活的中心之一，例如：布拉姆斯就是家裡的常客。卡爾爲了幫助布拉姆斯，在家中舉辦過一場布拉姆斯單簧管五重奏的私人演奏會。

路德維希先是去了柏林讀工科，然後在曼徹斯特繼續研究航空工程學。他在曼徹斯特時開始對數學的基礎感興趣，這或許發生在他讀過伯特蘭・羅素的《數學的原理》（*Principles of Mathematics*）一書之後，因爲這本書給維根斯坦留下了很深的印象。這使他決意研究數學的基礎，而據目前看來最可靠的記載是，他去找戈特洛布・弗雷格請教該如何把他的研究進一步做下去。弗雷格建議他去劍橋拜羅素爲師。於是到了 1911 年，維根斯坦前往劍橋，在羅素門下工作了 5 個學期，期間開始進行邏輯學探究，而這項探究最終將成爲本書討論的《邏輯哲學論》。1912 年，他移居挪威，獨自繼續工作。接下來，第一次世界大戰爆發了。維根斯坦參加了奧地利軍隊，一邊服役，一邊繼續做他的邏輯

研究。臨近戰爭結束時，維根斯坦住在叔叔家裡休假時完成了《邏輯哲學論》。他回到前線後被俘虜，當時身上就帶著《邏輯哲學論》的手稿。

手稿的複印本後來被送到了弗雷格和羅素手中。令維根斯坦失望的是，弗雷格並無好評，他主要是不贊成該書的闡述方式；從他與維根斯坦的通信中可以看出，他對這本書不甚了解。《邏輯哲學論》的體例似乎讓弗雷格非常反感，以至於他幾乎沒有打算了解其中的內容。羅素對這本書卻有很不錯的印象，還爲它寫了一篇如今與正文一同印行的導言。但維根斯坦對這篇導言的反應很粗暴：

> 拿到導言的德語譯文後，我終究無法勉強自己讓這篇導言與我的書一起付印。因爲，你英文文筆裡的那份雅致——當然——多半譯沒了，剩下的只是膚淺與誤解。[1]

（雖然維根斯坦的反應可以理解，畢竟有一些維根斯坦尤爲看重的論點是羅素曲解或沒能理解的，但導言中也不乏有所助益的內容。）但畢竟收錄羅素的導言是出版條件之一，維根斯坦最終還是嚥下了他的傲氣。《邏輯哲學論》由勞特里奇與凱根 · 保羅出版社（Routledge and Kegan Paul）於1922 年出版，附有一份名義上由 C.K. 奧格登完成的譯文，

1　見維根斯坦給羅素的信，1920 年 5 月 6 日（*Notebooks 1914-16* [ed. G.H. von Wright and G.E.M. Anscombe; 2nd edn; Blackwell: Oxford, 1979], p. 132）。

不過翻譯工作的主體部分實際上是弗蘭克 · 拉姆齊 [2] 負責的。

維根斯坦在思想上所受的影響

維根斯坦在 1931 年的一條筆記裡列出了對他的思想有過影響的人，名單如下：玻爾茲曼、赫茲、叔本華、弗雷格、羅素、克勞斯、路斯 [3]、史賓格勒 [4]、斯拉法 [5]。維根斯坦寫作《邏輯哲學論》期間，對他影響最深的是弗雷格和羅素，不過在概述他們的思想之前，不如先對這裡提到的另外幾個名字評論一番。

維根斯坦少年時熱衷叔本華，而叔本華也是名單上除弗雷格和羅素之外僅有的哲學家。維根斯坦少年時受叔本華影響，接受了一種觀念論哲學。叔本華的影子在《邏輯哲學論》中的某些地方仍留有蹤影，但到這時，也只是作爲有待祛除的影子而已。

維根斯坦曾一度想跟隨路德維希 · 玻爾茲曼學習。玻爾

---

[2] 弗蘭克 · 拉姆齊（Frank Ramsey, 1903-1930），英國數學家、哲學家、經濟學家。——譯者注

[3] 阿道夫 · 路斯（Adolf Loos, 1870-1933），奧地利建築師、建築理論家，現代建築運動的先驅。——譯者注

[4] 奧斯瓦爾德 · 史賓格勒（Oswald Spengler, 1880-1936），德國歷史學家、歷史哲學家，以《西方的沒落》一書聞名。——譯者注

[5] 皮耶羅 · 斯拉法（Piero Sraffa, 1898-1983），義大利經濟學家，新李嘉圖學派的創立者。——譯者注

茲曼和海因里希・赫茲（Heinrich Hertz）都是維根斯坦仰慕的物理學家。他們把科學理論看作模型的那種興趣，也許是維根斯坦命題圖畫論的靈感來源之一（參見 4.04）。[6]

　　若說卡爾・克勞斯對維根斯坦有一種影響，這種影響也屬很不同的一種。克勞斯曾為雜誌《火炬》（*Die Fackel*）做編輯工作，並為之撰稿。他宣稱：「我的語言原本是妓女，是我把她變回了處女。」克勞斯在意的事情裡，很大一部分是向贅語、修辭膨脹與委婉語中的語言誤用發起論戰。例如：在第一次世界大戰期間，他以官方公報的遁詞在戰爭現場的實際意謂與之質證。若從維根斯坦如下陳詞的背後看出克勞斯的影響，我覺得不算別出心裁：「整本《邏輯哲學論》可以概括為這樣一句話：凡是可說的都可以說清楚，不可說的則必須付諸沉默」（前言，p. 27），或「要求意義的確定性」（3.23），給定任何命題，我們都必須能歸結到那些構成了世界的簡單而具體的事態來說出這個命題相當於什麼，如果不能，就該斥之為胡說。

　　然而，最主要的影響來自弗雷格和羅素，我們會在本書的各處接觸到他們的思想。下面我會大致概括他們著作中的相關內容，以作為我們研讀《邏輯哲學論》之前的初步導引。

---

[6]　蘇珊・斯特雷特（Susan Sterrett）在《維根斯坦放風箏》（*Wittgenstein Flies a Kite*; Pi Press: New York, 2006）一書中探究了這些可能的影響。

弗雷格

弗雷格一生的工作都獻給了後人稱為「邏輯主義」的事業，即捍衛如下論點：算術與數論的真命題都是偽裝的邏輯真理，所以把「數」、「相加」等獨屬數學的概念替換掉之後，可以表明，這時所得的結果能夠由純邏輯公理推導出來。

弗雷格完成這項工作的努力，可以劃分為 3 個階段，對應他的 3 部著作：《概念文字》（1879）、《算術基礎》（1884）和《算術基本法則》（第一卷出版於 1893 年，第二卷出版於 1903 年）。

任務的第一部分是構想出一套對邏輯的說明，這套說明必須有足以完成這項任務的力量。不要以為能在亞里斯多德邏輯的限度內推導出整個算術，那是很荒謬的。由於亞里斯多德僅僅認識到有限的幾種邏輯形式，也由於接下來的十幾個世紀裡，在亞里斯多德的成就之上極少有顯著的進步，因此邏輯學曾一直是本質上僵死的學科。弗雷格在邏輯學中發起的革命，最初是在《概念文字》一書中概述的。這裡要理解的關鍵之處是他對「量化理論」的發明，這是他處理概括性問題——包含「所有」、「各個」、「每個」、「有些」等概念的命題所產生的問題——的新途徑。亞里斯多德邏輯是圍繞著諸如「所有人都是會死的」和「有些人是會死的」這些命題建立起來的，但這種邏輯處理不了更複雜的概括——特別是混合多重概括命題，這類命題不僅包含一個全稱概括記號，例如：「每個」或「所有」，還包含一個存在概

括記號，如「有些」。亞里斯多德邏輯無法恰當地表示諸如「每個人都愛某個人」[7]這類命題的邏輯形式，更不用說涉及這類命題的推論了。弗雷格看到，要從不同於亞里斯多德的路線去處理概括性問題。我們要把「每個人都愛某個人」這樣的命題看作一個雙階段過程的產物。我們首先從「約翰愛瑪麗」這樣的命題中提煉出關聯運算式「ξ 愛 η」，其中希臘字母「ξ」、「η」可以看成預留位置，表明若要產生一個命題則需在何處插入名稱。第一階段，我們「約束」後一個變元「η」，以此從上述關係運算式中形成一個謂詞「ξ 愛某個人」。我們把得到的謂詞記作如下形式：$(\exists y)(\xi$ 愛 $y)$（這裡用的不是弗雷格本人的記法，而是《邏輯哲學論》文本裡也可見到的羅素式記法）。第二階段，我們用類似手段「約束」那個「ξ」，這樣就產生如下命題：「給定任一人 x，則 $(\exists y)(x$ 愛 $y)$」，而這個命題我們記作「$(x)(\exists y)(x$ 愛 $y)$」。要注意，假如把這一過程的兩個階段顛倒過來，就會得到一個不同的命題，其意義也不同：$(\exists y)(x)(x$ 愛 $y)$ ——意思是，有個人是每個人都愛的。這樣逐階段地建立命題，能構造出具有任意複合性的命題，創造出愈來愈多超出亞里斯多德邏輯所能想見的邏輯形式。正是這一進步使得弗雷格憑藉一己之力，把邏輯學從過去的瑣碎教條轉化成今人所知的利器。

　　接下來，弗雷格為他的邏輯制定了一組公理，以構成一個我們能在其中嚴格證明邏輯真理的體系。在這一體系核心

7　這個命題用中文也可表述成「每個人都有一個所愛之人」。——譯者注

處，有一部分爲今人所稱的一階謂詞演算提供了完全的公理化，自此成爲邏輯學的基石。

《算術基礎》一書，則是弗雷格的哲學傑作。這本書裡，弗雷格專門分析算術的基本概念，尤其是回答「數是什麼」這一問題。針對我們的目的，關於這本書有兩點需要特別指出。第一點，弗雷格在這本書裡把今人所稱的「語境原則」引入爲一條基本原則，這個原則在《邏輯哲學論》中也被賦予根本的重要性，我們會在第 3 節來具體考察（詳見對 3.3 的討論）。第二點，爲了推進把算術還原爲邏輯的事業，弗雷格把數看作特定種類的集合（這用他的術語叫「概念的外延」〔extensions of concepts〕）。因此他的下一部著作會引入一些公理，打算以此把一套集合論合併到他的邏輯之中。不過，他在這一步的做法引出了一些難題，而正是這些難題讓羅素登場。

在《算術基本法則》一書中，弗雷格著手全面實施其綱領：他從幾個簡單的公理和一個推理規則（modus ponens）出發，準備把算術中的眞命題作爲他的體系中的定理推導出來。這些公理的目的是充當基本的邏輯眞理，不過其作爲邏輯眞理這一點，弗雷格只是讓它停留在了直觀層面。這些公理大多是些平凡的東西（例如：若 p 則〔若 q 則 p〕），沒有人會對其邏輯眞理的地位有異議。然而要完成他的綱領，他還需要添加幾條公理，把一套集合論合併到他的邏輯當中。而正是在這裡，災難降臨了。可以表明，其中一個公理 Vb 會導致矛盾。這條公理告訴我們，每個概念都有一個外延，換句話說，給定任何屬性都存在這樣一個集合，該集合

以具備這一屬性的所有事物且僅以這些事物爲其成員。而羅素發現的是，一旦考慮「是一個不屬於自身的集合」這一屬性，這條公理就會導致悖論。那麼我們下面就討論羅素的思想。

羅　素

　　假設我們接受了弗雷格的公理中包含的那種直觀的集合觀念，即給定任何概念都存在一個集合，其成員恰好是所有那些歸於這一概念之下的事物。那麼，有些概念屬於其自身，其他概念不屬於其自身：照此說來，成員多於 10 個的所有集合構成的集合，其成員多於 10 個，故屬於其自身；而成員少於 10 個的所有集合構成的集合，其成員並不少於 10 個，故不屬於其自身。

　　我們接下來可以考慮「是一個不屬於其自身的集合」這個概念。弗雷格的公理保證存在這樣一個集合，不妨稱爲集合 A，其成員是所有歸入上述概念之下的集合。對於 A，我們可以問一問 A 自身是否屬於其自身。先假設 A 屬於其自身，那麼，A 必定滿足屬於 A 的條件。即是說，A 必定是一個不屬於其自身的集合，而這與我們的假設相矛盾，所以 A 不屬於其自身。因此 A 不滿足若屬於自身則要滿足的條件。換言之，A 不是一個不屬於自身的集合，而這又是個矛盾。

　　因此，我們必須拒斥弗雷格的公理 Vb，並另外提出一種集合論，這種集合論並不假定，給出任一屬性，你都能理所當然地接著談論起具有該屬性的事物的集合。因此，羅素

以修復弗雷格體系為己任，著手修改其中的集合論。他的招數是找一條原則性的途徑，既充分弱化弗雷格的公理以避免矛盾，同時又讓這些公理有足夠的強度以從中推導出算術眞理。

弱化弗雷格的公理的任務是靠羅素的「類型論」（Theory of Types）完成的，本書「主題概述」一章的開頭會有更詳細的講解。弗雷格那種不受拘束的集合論，將由一種分層的集合論所取代。首先，我們從個體出發，進而形成個體的集合（類型 1 的集合），然後形成這樣的集合，其所有成員都或者是個體，或者是個體的集合（類型 2 的集合）等等。此外，類型論中還附有如下規則：任何集合都不可包含與自身同屬一個類型的成員，也不可包含比自身更高類型的成員。這樣一來，既沒有哪個集合可以屬於其自身，也不可能有不屬於自身的集合所組成的集合，於是就阻止了羅素悖論的出現。

這時得到的公理體系，就其目前這樣來說，已經不會再產生羅素原先發現的矛盾。但同時，經過這樣一番弱化，這個體系也不足以證明算術要求的所有定理了。因而，羅素覺得有必要新增 3 條公理以恢復體系所需的強度，同時還要讓它仍然免於悖論。

維根斯坦對羅素工作的反應

故事講到這裡，可以引入維根斯坦本人了。維根斯坦對羅素做的工作有兩點不滿。其一是他對類型論的擔憂，而類

型論是我們下一章的主題。其二是羅素不得不引入的 3 條附加公理──「可還原性公理」（Axiom of Reducibility）、「無窮公理」（Axiom of Infinity）以及「乘法公理」（Multiplicative Axiom）。這些公理雖然給了羅素不少他想要的結果，但也引發了一個問題：「這些公理處於什麼地位？」這些公理爲眞嗎？如果爲眞，這些公理是邏輯眞理嗎？最後一個問題引出了進一步的問題：「說某個東西是或不是邏輯眞理，這相當於說什麼？」

　　什麼使他的公理成爲邏輯眞理這個問題，弗雷格總體上把它留作直觀層面的問題，但這些公理至少有邏輯眞理的外觀。然而對這個問題，羅素卻做出了完全不周全的回答（參見下文對《邏輯哲學論》6.1 的討論），並純粹爲拯救他的體系而引入一些公理，而這些公理純憑邏輯爲眞的說法是十分可疑的。而這些公理若不是邏輯眞理，懷德海和羅素在《數學原理》（*Principia Mathematica*）中聲稱他們證實了邏輯主義，就沒有什麼根據了。倘若眞是這樣，《數學原理》的體系就不過是位列各種數學公理體系之側的另一個數學公理體系而已。

　　以此爲背景，我們可以認爲，維根斯坦進行這項以《邏輯哲學論》爲成果的探究時，是從下面兩個初始問題著手的：「我們該如何評價類型論？」和「我們可以給邏輯眞理以什麼樣的說明？」，其中，回答第二個問題可以讓我們理解邏輯眞理的獨特地位：邏輯眞理既是必然的，又是先天可知的。不過接下來，我們從第一個問題開始討論。

第二章　主題概述

因這本書旨在為思想設定界限，或者毋寧說，不是為思想，而是為思想的表達設定界限：因為要為思想設定界限，界限的兩邊就都必須是我們所能思考的（這樣一來我們就必須能夠思考那無法被思考的東西）。

因此這界限只能在語言中畫出來，而界限之外的根本就是胡說。[1]

初步概覽《邏輯哲學論》的最好方法或許是認眞讀一讀「自序」，尤其是這裡引用的兩段話。這會立刻引發兩個問題：「這裡所說的『界限』（或邊界〔Grenze〕）是指什麼？」以及「爲什麼有人想設定這樣的界限？」

　　回答這類問題，我們要從與《邏輯哲學論》直接相關的語境出發，尤其要把《邏輯哲學論》當作他對羅素的工作的反應來看。我們已在前面介紹過，羅素發現，有一種途徑（即羅素悖論）可以從弗雷格《算術基本法則》的公理中導出矛盾——不屬於其自身的所有集合所組成的集合屬於其自身，當且僅當該集合不屬於其自身。這類邏輯悖論之所以吸

---

1 L. Wittgenstein, *Tractatus Logico-Philosophicus* (trans. C.K. Ogden; Routledge: London, 1922; trans. D. F. Pears and B. F. McGuinness; Routledge: London, 1961), Author's Preface, p. 3.

引人，不只在於這是些有趣的謎題，更在於這是一些徵候，反映出我們對我們的某些最基本的觀念有深層的誤解：我們一旦把那些觀念的直觀理解追究下去即會陷入矛盾，那我們就必須從根本上修正原來的理解。羅素在《數學原理》中為自己設定的任務，核心就在於修正弗雷格的邏輯學，即在於找到原則性地應對其悖論的方法。他的目的是讓我們看出，儘管我們對集合概念的直觀理解把那句越界的話（「所有不屬於其自身的集合所組成的集合，是屬於其自身的」）打扮得有意義，那句話本身終究是胡說八道（nonsense）。羅素的入手點，大體是把我們對集合概念的直觀理解（給定任一屬性，都存在一個集合，其成員正好是所有具有這一屬性的事物）替換為一種層級性的觀念，即「類型論」。而與這種層級性的集合觀念相配套的，是一種層級性的謂詞觀念：任何謂詞都不能有意義地應用於錯誤類型的實體。但凡像造成困難的上述悖論句中那樣，嘗試在構造句子時違犯類型限制，把謂詞用在錯誤類型的實體上，其結果都會是胡扯。

維根斯坦所做的以《邏輯哲學論》為最終成果的探究工作，其出發點之一就是不滿於羅素對悖論的解答，或不如說是不滿於羅素著手解答悖論的思路：

> 3.331羅素的錯誤體現在這一點：他為他的記號制定規則時，不得不談論那些記號所意謂的事物。

維根斯坦所不滿的到底是什麼？區分有意義語句與胡說時，為什麼不能談論記號所意謂的事物呢？對此，他後來又做過

解釋，而且講得比《邏輯哲學論》更清楚一些：

> 要為語法約定提供辯護，不能採取描述被表現者的辦
> 法。任何這類描述都已經預設了那些語法規則。換句話
> 說，如果某種東西在我們欲為之辯護的那種語法裡被視
> 為胡說，這種東西就不能同時又在為語法提供辯護（等
> 諸如此類）的命題裡被當作有意義。[2]

羅素想說，如果謂詞 fx 只能取某一類型的自變元，但 a 又
是一個更高類型的實體，那麼「fa」就會是胡說。但這樣做
馬上會搬石頭砸自己的腳。比如我們說「諸個體的集合是一
個個體」這句話是胡說八道，而之所以是胡說八道，是因為
謂詞「x 是一個個體」只能用於個體，但諸個體的集合不是
一個個體。結果我們這番解釋的最後一句本身倒是句胡說
了：我們設立類型限制的行為，違反了我們想設立的類型限
制。看樣子，按羅素的辦法，我們無論怎樣表述類型論，最
後都會說出被類型論本身貶斥為胡說的句子。這就彷彿是羅
素試圖站到語言和世界之外，從上面俯視這兩者，看這兩
者哪裡匹配哪裡不匹配，以此確定意義與胡說之間的邊界。
維根斯坦則主張，我們必須堅決停留在語言之內，而類型論
（*theory* of Types）這種東西也是不可能存在的：類型論試
圖說出的東西是完全說不出來的，它需要由語言的工作方式

2　L. Wittgenstein, *Philosophical Remarks* (ed. R. Rhees; trans. R.
　　Hargreaves and R. M. White; Blackwell: Oxford, 1975), p. 55.

顯示出來。要看出如何從語言中清除悖論句，就得從完全不同於羅素的方法著手。維根斯坦在 3.33 提示到，我們的任務是建立一套對邏輯句法的說明，即一套指出了哪些記號組合是該語言中的命題的說明，而且這套說明無論何時都不能像羅素那樣去訴諸記號的意謂。假如能完成這個任務，我們就達到了羅素想用類型論取得的結果，但取得這個結果的途徑，是為語言提出這樣一種語法：這種語法既能生成語言中的命題，同時所生成的命題又永遠不會違犯那些羅素希望能得到遵守的類型限制。我們對語言最終作出的說明不把羅素所說的話說出來，但該語言的結構會顯示出羅素想要說它存在的結構。實際上，該語言的結構將鏡映它所關涉的實在。

> 我的工作已經從邏輯的根基擴展到了世界的本質。[3]

講到這裡，也許聽起來我們只是在處理一個技術性問題，涉及如何正確處理邏輯悖論，但維根斯坦從我剛剛勾勒的思路中，引出了一條更一般化的教訓，而這條教訓最終會擴展到全部形而上學。羅素悖論的產生，是由於我們誤解了我們語言的工作方式，那麼我們一旦理解了我們的語言如何工作──一旦有了一套對邏輯句法的正確說明──悖論就解決了，而這完全是由於：一套對邏輯句法的完整說明為語言設限，不是靠陳述有哪些界限，而單單是因為不再會產生越界的句子。

3　Wittgenstein, *Notebooks*, p. 79.

　　因此，維根斯坦給自己訂立了一份抱負遠大的計畫。他將會確立「命題的一般形式」：這是指一個以所有可能命題為其取值範圍的變元的一般形式。命題一般形式會顯示語言的界限，因為它會確立一種系統的方法來生成每一個可能的命題，而無法這樣生成的東西會由此被表明為胡說。這一綱領可分為 3 個階段：第一個也是最重要的階段，是發現命題的本性；第二個階段是給定了命題的本性之後，表明必定存在命題的一般形式；第三個階段是一個技術性的任務，即具體說明那種一般形式。

命　題

指導維根斯坦工作的是下列 3 條基本原則：

(1)「理解一個命題，就是知道如果它為真，則實際情況如何」（4.024）。

(2)「邏輯常元並不替代什麼」（4.0312）。

(3)「意義必須是確定的」（3.23）。

1.理解一個命題，就是知道如果它為真，則實際情況如何

　　這是 3 條原則中最簡單的一條。命題是那種可為真也可為假、可為對也可為錯的東西，所以命題與名稱截然不同。要確立一個名稱的意謂，可以把這個名稱關聯到世界上存在的某個要素上去。可是，如果命題是為真或者為假的，那麼我們就必定能在不知道一個命題為真的情況下理

解這個命題。因此，我們之所以能理解一個假命題，必定不是憑藉著我們把它視為關聯在世界中的某個實際存在的要素上，而是憑藉著我們把命題看作指定了會使命題成真的情形（Sachlage），而且這種指定無關乎所指定的情形是否實際存在：我們必須能夠僅憑命題本身，就構造出使命題成真的情形。而這又只有在我們把命題視為使其成真的情形的**圖畫**（**picture**）或**模型**（**model**）時才有可能——圖畫（命題）透過表現一個情形而描繪實在，至於它是正確還是錯誤地描繪了實在，這取決於那一情形是否存在。圖畫為了能夠表現一個情形，必須與那一情形共有相同的邏輯形式，必須具有與那一情形同樣的邏輯複多性（2.16, 4.04）。但是，命題並不**說出**那個情形有那種形式：命題鏡映那種形式，並以此**顯示**（**shows**）實在的邏輯形式。

2. 邏輯常元並不替代什麼

　　命題之為圖畫或模型這一思想，可以較直接地用在邏輯上簡單的命題中。不妨考慮一個簡單的關係命題，比如「約翰愛瑪麗」。這裡我們可以認為，「約翰」這個名字替代了約翰這個男人，「瑪麗」這個名字替代了瑪麗這個女人，而這兩個名字存在某種關聯（位於「愛」這個字左右兩邊）的事實表現了約翰和瑪麗這兩個人有相應的關係這一情形。依此，我們就不該把命題記號，即句子，視為複合物，而應該視為句中各個記號形成某種關聯的**事實**（**fact**）。

　　然而，一旦考慮我們總是會遇到的那種邏輯上複合的命題，例如：「美國每 4 年競選一次總統」，原本那種簡單

的說法似乎幫不上忙了。針對上述例子，我們似乎很難說**這個命題怎樣描繪出了使之成真的情形**。這時候，維根斯坦用來說明命題的第二條原則就要派上用場——「邏輯常元並不替代什麼」：語言中的邏輯裝置，即「且」、「非」、「所有」、「某些」這些詞，其功能完全不同於名稱的功能。我們可以把邏輯上簡單的命題「約翰愛瑪麗」同邏輯上複合的命題「約翰愛瑪麗或凱特」做一個直觀的對比。我們認為第一個命題充當了一個事態[4]的模型，並認為如果那一事態存在，即如果存在約翰愛瑪麗這一**事實**，則命題為真。可是「約翰愛瑪麗或凱特」要麼是憑約翰愛瑪麗這一事實的存在成真，要麼就是憑約翰愛凱特這一事實的存在成真，卻唯獨不是憑一個「析取事實」——約翰愛瑪麗或凱特——的存在而成真的。僅當「或」確實代表著事實裡的要素，類似「約翰」和「瑪麗」各自代表著約翰愛瑪麗這一事態中的要素，才談得上有這類析取事實。所以我們必須把邏輯裝置看成具有一種與其他語言要素截然不同的角色。邏輯裝置的功能，是用邏輯上簡單的命題——**基本命題（elementary propositions）**——構建起邏輯上複合的命題，而邏輯上複合的命題之所以能圖示出邏輯上複合的情形，是因為邏輯裝置賦予了命題這樣一種邏輯複多性，一種與命題所表現的邏

---

[4]　本書以不加定語的「事態」對譯「state of affairs」，而原文中該詞又對譯維根斯坦原著的「Sachverhalt」。「Sachverhalt」這個詞的其他中文譯名尚有「基本事態」（韓林合譯《邏輯哲學論》），也有隨奧格登英譯本和羅素的導言的譯法「atomic fact」而譯成「原子事實」的。——譯者注

輯上複合的情形同樣的邏輯複多性。換言之，邏輯裝置必須讓命題有能力分辨出，究竟是簡單事態的哪些組合必須實存，我們才能說那個邏輯上複合的情形是實存的。邏輯上複合的命題從基本命題構建起來的方式，是眞値函數性質的（truth-functional）。即是說，我們要確切說明一個複合命題的意義，依靠的是說出諸基本命題的哪些眞假組合使該複合命題成眞，哪些眞假組合使該命題爲假。因此，關鍵論點就是，每個命題都是諸基本命題的眞値函數。

3.意義必須是確定的

至此，我們有了不用邏輯裝置即可表述的基本命題，這些命題爲簡單事態建模，而任何其他命題的意義都要解釋成諸基本命題的眞値函數。但麻煩又來了，因爲一個命題表面上的邏輯形式未必是其眞實形式（4.0031）：我們不能從一個命題的表層語法形式看出它眞正的邏輯形式會是什麼。我們需要一個標準來判定什麼是、什麼不是基本命題。這就輪到「對意義的確定性的要求」（3.23）登場了。我們平常遇到的命題的確切性可多可少，但世界是絕對確切的：我們的命題，總是憑我們實際遇到的完全確切的具體情形而成眞或成假。所以，如果要正確說明命題意義，必須表明命題是如何憑世界上具體而微的情況而成眞的，即必須表明，不確切的命題如何與世界提供給我們的確切情形相關聯。因此，我們把不確切命題分解爲完全確切命題的眞値函數，而每個完全確切的命題都指定一個簡單而完全確切的事態，並且憑該事態而成眞。從而，基本命題的標準就在於完全的確切

性，在於該命題指定的正好是一個簡單事態。而事態又被看作「**對象（objects）的結合**」（2.01），並且當且僅當對象適當地結合起來時實存。維根斯坦又主張，對象是**簡單的**並且對象「構成世界的實體」（2.021），因爲對象是每一個我們有可能想像的世界裡都有的（很重要的一點是不要預判這樣的對象有哪些實例：我們一開始最多只能說，對象是實在之中能由名稱指稱的要素）。我們要把世界視爲「事實的總和」（1.1），視爲由哪些事態存在、哪些事態不存在所確定。從而，當且僅當一個命題能對世界做出應答，也就是說，當且僅當該命題能正好分辨出那些在該命題爲眞的情況下必定存在的事態組合，它才有眞假可言。

命題一般形式的存在

雖然這一步是全書論證的關鍵步驟，但對於這種一般形式的存在，維根斯坦只在 4.5 中極爲縮略地提出了論證。論證的核心是，我們若有可能不靠了解實際情況就理解一個命題，那麼命題的意義必定得自它在語言系統中所處的位置。所以，必定存在一個能遞歸地生成語言中每個有意義命題的語言系統。

具體說明命題的一般形式

接下來，維根斯坦在《邏輯哲學論》的第 5 節，從每個命題都是諸基本命題的眞值函數這一思想出發，開始建構

命題的一般形式。這一任務有兩步：第一步，他必須設計出一件裝置，一件能讓他用始終如一的方法生成諸基本命題的每個真值函數的裝置。第二步，他必須表明，這件裝置能夠處理一整套標準的弗雷格邏輯。完成前一個任務是透過引入「N 運算元」——當這一運算元應用到一系列命題上，會產生一個當且僅當這一系列命題都為假時自身為真的命題（5.502）。謝費爾（Sheffer）表明，「既非……且非……」這一連結詞的能力足以處理整個初等邏輯（即命題邏輯）。維根斯坦的 N 運算元則是它在無窮情況中的類似品，也就是說，N 運算元能處理我們想建構無窮多個命題的真值函數的情況。接下來，維根斯坦說明了如何運用這一運算元來解釋概括命題（5.52）和同一性命題（5.532），以此提示他如何處理弗雷格的邏輯。他由此表明，（1）整個弗雷格的邏輯如何可以只用真值函數裝置表示出來，以及（2）如何把所有命題表示成在諸基本命題上連續應用 N 運算元的結果，從而表示出命題的一般形式。

邏輯真理

　　維根斯坦對羅素的工作不滿，第二個主要原因是羅素對邏輯真理做出的說明。羅素把邏輯真理解釋成既為真又完全一般性的命題（不含任何特定內容的命題）。在維根斯坦看來，這一說明完全沒有刻畫出我們的邏輯真理觀念的最基本特性，即其必然性。維根斯坦堅決主張，邏輯真理是重言式（6.1），也就是什麼也沒說出的命題：如果一個邏輯命

題獨立於世界的樣子而為眞，那麼它就沒有告訴我們世界是怎樣的。既然我們無須訴諸世界來確定該命題的眞值，該命題自身就必定包含了用來確定其為眞所需的一切資訊，而且若採用一種合格的記法，我們單單查看一個命題的外觀就能認出它是一個邏輯眞理。邏輯眞理具有必然性的代價是其全然的空洞性。為解釋這種空洞性，維根斯坦把邏輯命題視為諸基本命題之眞值函數的退化情況，即視為無論我們考慮諸基本命題的哪種眞假組合都會為眞的命題。這些命題仍是語言的一部分：它們是欠缺意義的（senseless），但不是胡說（nonsense）（4.461）[5]。

語言的界限

命題的一般形式涵蓋了每個可能的有意義命題，它由此為語言設定了界限。界限另一側的完全是胡說。同時，語言的結構會構成一個「巨大的鏡子」（5.511），映照出世界的結構，顯示出「世界的本質」（5.4711）。可一旦打算說出由此顯示的是什麼，則會產生出胡說八道（特別來說，形而上學即是把顯示出的東西轉變為一種世界理論的企圖）。維根斯坦會在 6.54 節提出一個自相悖謬的結論，宣稱任何理解他的人都會認識到他書裡的命題全是胡說。

---

[5] 本書以「欠缺意義的」對譯「senseless」，以「胡說／胡說性質的」對譯「nonsense/nonsensical」，以求保持作者主張的鮮明對照（見本書第 5 章開頭）。——譯者注

第三章　閱讀《邏輯哲學論》

大多數讀者第一次嘗試讀《邏輯哲學論》，都表示自己完全暈頭轉向。即使與其他哲學名著相比，這份文本也是不一般的晦澀。多數讀者一翻開書，會感覺面前是一部格言集，其中大多數格言完全無從索解。即便是表面上清楚到足以看出在說什麼的論述，經常也很難看清維根斯坦為何這樣說——這些說法常常像是全無辯護的打算就斷定下來，而其要點何在同樣十分費解。連整本書想講什麼話題，可能也無法看清。不過，《邏輯哲學論》固然不易讀，但遠沒有第一印象所示的那樣難懂。該書核心處是對語言與實在的關聯的一份格外簡單的說明，而起碼這份說明以及維根斯坦對它的論證都很容易弄懂。文本的艱深之處，全在於維根斯坦從那份簡單的說明引出的更多細節和牽涉。不過，即便我們無法把《邏輯哲學論》變成一本易讀的書，讀解文本時若記住以下幾點，仍可以減輕初讀時的不少困難：

· 第一點也是最重要的一點，是理解該書的編排體例，理解這個編號系統原本想起什麼作用。對這個問題，維根斯坦本人在正文第一條命題的註腳裡大致解釋了一下，但我們仍然值得把它充分講清楚，並體會它對本書預想的讀法有何意味。《邏輯哲學論》這本書不是一段接一段寫成的，也不應該按通常讀一本書的順序來讀。而這本書真正是怎樣組織的，其實可以這樣理解：先把該書的框架視為一個

樹形結構，樹形的頂部安排著編號從 1 至 7 的 7 個主命題。依次讀這 7 個命題，該書的論述軌跡就會以最粗的線條勾勒出來。接下來，我們對這個粗線條輪廓加以充實和細化。我們從頂部往下增添分支，這些分支就是編號為一位小數的段落（1.1、1.2、2.1、2.2、3.1……），把它們排成從 1 向下的分支 1.1、1.2 等，依此類推。這就給讀者呈現了該書論述的第二個更細的版本，加入的細節要麼是為主論點提出論證，要麼是做出解釋，要麼是得出結果。接下來把上述步驟用在下一層的段落上，直至維根斯坦所有闡述的最完整細節。呈現此書架構的一個方法是把《邏輯哲學論》建立為一部超文字，而網上的確可以找到這樣一個版本，參見 http：//www.kfs.org/~jonathan/witt。

　　讀讀 4.016 和 4.02，就能明白這種不同尋常的編排體例有怎樣的結果。若按表面上的線性順序去讀這兩段，那麼作者似乎在告訴我們，象形文字和通常的字母文字之間沒有本質區別，而這一點體現在我們無須他人向我們解釋一個命題記號的意義，就能理解該命題記號。這樣讀來，難免會對維根斯坦的思路一頭霧水。然而，按照由編號系統支配的次序，4.02 不是接在 4.016 後面，而是接在 4.01 後面的，而4.011 到 4.016 只不過是對 4.01 的評注，插在了 4.01 與 4.02之間。這就意味著，4.02 的「這點我們可以從如下事實看出來……」中的「這點」，其實是指一頁多之前出現的一句話。現在我們就知道維根斯坦是在說，命題是實在的一幅圖畫，這可以從我們無須他人解釋就理解一個命題這一事實上看出來，而後面這一事實，他又會在 4.02 以下的幾段詳加

闡述。

如此說來，讀者必須學會依編號系統指示的路徑去追蹤維根斯坦的思路，而不是按頁面上句子出現的順序往下讀。該書的編號系統並非萬無一失，其中有幾條論述，似乎勉力插進整體結構之中，卻不是因為安插之處即是其恰當的所在，而是由於維根斯坦希望把這些論述保留在文本裡，卻沒有找到顯而易見的位置，只能勉強嵌入得像樣些。但即便不能保證編號系統沒有錯誤，你一旦習慣了跟著它走，一般都能得到有助於正確追蹤維根斯坦的思路的指導。拿出某段話，問問自己這段話為何安置於此，總是很有益的。

· 有時候，人們把《邏輯哲學論》這本書當成只是擺出一系列格言，其中的觀點讀者是否接受，全隨讀者自便，反正沒有硬性的論證提供支撐。但事實正與此相反。維根斯坦提出的立場大都持之有故，但他惜墨如金，所以通常都只提示論證的大體思路，細節則留給讀者自己補充。比如我們考慮 4.021 開頭的一句：

> 一個命題即是實在的一幅圖畫：因為，如果我理解了這個命題，我就知道它表現的情形。

在這裡，維根斯坦明顯想到了一個論證，而且此處的論證在全書的展開中顯然至關重要。我們同樣很明顯會認為，大多數哲學著作裡要是出現這樣一個論證，後文中都該有詳盡的闡發。悖謬的是，維根斯坦的行文，常常在論證最緊要處顯得尤其縮略難解，例如：2.02～2.0121、3.23～3.24、5.62～

5.64。羅素和拉姆齊都催促他把論證充分展開,可他執意回絕了他們的建議。這也許有各種各樣的理由,包括一些純屬審美上的考慮。但即使是審美上的考慮或許也有哲學上的意圖:他在意的是傳達一整個思想體系,而文本裡若堆滿了細緻的論證,就有可能掩蓋那一體系。另外一點是,他很多說法的根據,與其說是在於某一環節的特定論證,不如說是這一說法在他整個論述進程中所處的位置。而且我們還必須承認,維根斯坦的說法有幾處看起來的確像是純憑直覺而提出的,彷彿他本人也覺得,對這些主張的論證難以展開說明,甚至完全無法闡述。

　　不過總體上說,維根斯坦希望並期待讀者能主動觸碰文本,能自己找出作者言其所言的理據,從而領略其哲學志業的精神實質,並且能在無人告知的情況下,自行推究出文本所隱含的論證。這就意味著,你如果想從研讀《邏輯哲學論》中受益,不願意自己把維根斯坦提出的觀點想通是不行的。在這方面,該書甚至提出了比其他哲學文本更高的要求。只有讀者自己進行一番哲學探索,自己把書中討論到的問題想通,才能對這本書有所理解。

　　下文各節,我將尤其留意對全書十分關鍵而維根斯坦的陳述又極為縮略的那些論證。

· 維根斯坦還在另一方面給讀者造成困難,這方面的困難從《邏輯哲學論》延續到《哲學研究》,貫穿了他一生的著述。維根斯坦所有著作的一大特徵,就是他從不把自己的出發點和盤托出。即使在他的著作所處理的問題與大多數哲學家傳統上關注的問題大相徑庭的情況下,他寫作時,

也總是假定讀者對他在書裡處理的問題和疑團已經有所關注。這對《邏輯哲學論》尤其屬實，因為在這本書裡，他預設讀者對弗雷格和羅素的著作有興趣也有了解，並關注他們所關注的問題，而維根斯坦寫這本書時，弗雷格在一般哲學界卻仍然寂寂無名。因此，想要在《邏輯哲學論》中初步摸清方向，很重要的是大體上清楚弗雷格和羅素處理的是哪些問題，以便能把《邏輯哲學論》放在合適的語境中去看。該書的大量論述都是針對這兩位思想家提出的觀點而發，或是贊同，或是闡發，或是批評。在本書的講解過程中，我們會在必要之處考察弗雷格和羅素的某些得到維根斯坦回應的思想。不過從一開始，讀者就應該記住他們關注的某些一般性問題。兩位思想家的著作在維根斯坦看來究竟引發了哪些問題，我在此簡單羅列一下，這些問題都至少構成了維根斯坦進行探究的起點：邏輯是什麼，以及一條命題如何能是一條邏輯真理？我們該如何給「邏輯常元」——邏輯裝置：「且」、「或」、「非」等詞語——以合適的說明？命題是什麼？命題之為真在於什麼？命題如何與實在相關聯？命題的語言複合性有什麼樣的本性，以及，命題的意義如何關聯於組成它的語詞的意義？我們要如何說明語言的工作方式，才能不再產生羅素悖論之類的邏輯悖論？如果我們把維根斯坦工作的一大部分，看成用更好的想法來取代羅素對這類問題的解答，我們就能在理解《邏輯哲學論》的路上走出長長的一程。

‧一份有助於消化《邏輯哲學論》的重要資源，是由G.H.馮‧賴特（G. H. von Wright）與G.E.M.安斯康姆（G.

E. M. Anscombe）編輯的《1914-1916 年筆記》（Ludwig Wittgenstein, *Notebooks 1914-1916*）[1]，但利用這份資源時要多加小心。假如你在《筆記》裡找出一條論述，那麼你永遠都不能簡單地認定，其中表達的思想就是維根斯坦最終寫作《邏輯哲學論》本身時仍然持有的觀點。不但維根斯坦的思想在寫作早期筆記期間已有相當的發展，以至於筆記裡的許多說法到了寫作《邏輯哲學論》時已被摒棄和取代，而且筆記裡大量的論述也只達到一個試驗性、暫存性的程度，只是維根斯坦用來檢驗某個想法而寫的。這些早期作品必須被視爲半成品，它們雖然有助於我們理解《邏輯哲學論》的定本，但要作爲《邏輯哲學論》成書的毫無偏差的指南，還遠遠不夠。

爲了弄明白我們該如何用《筆記》來正確指導我們理解《邏輯哲學論》，不如先考察一下維根斯坦是怎樣寫成《邏輯哲學論》的。維根斯坦一生都以「字條稿」（Zettelschrift）形式寫作。他一般先是把他的想法記錄成簡短的段落形式，接下來會挑出希望保留在定本中的段落，並琢磨到滿意爲止。然後，他會把這些段落編排成一個連貫的序列，如此完成終稿。就《邏輯哲學論》的情況而言，他看來似乎是先定下了標號 1 至 7 的 7 個主命題，其餘段落則從手頭的材料裡挑選，並按照與那種框架結構配套的方式編入書中。而直接關係到我們的一點是，這意味著《邏輯哲學

1　下文以《筆記》簡稱該書。中譯本書目見本書第 5 章，「維根斯坦其他相關文本」一節。——譯者注

論》的相當一部分段落都在《筆記》裡出現過，若非直接出現，則是作爲其早期版本。

因此《邏輯哲學論》的很多命題，原本是出現在不同於《邏輯哲學論》本身的上下文當中的。把這些論述放在原本的上下文中審視，常常能導向正確的解讀；但必須記住，其周邊上下文中會有一些論述是他最終寫作《邏輯哲學論》時不再贊同的，而因此，就連保留在《邏輯哲學論》中的命題的意義，都可能與維根斯坦起初寫下時有所不同。

瀏覽一下維根斯坦東一則西一則的筆記條目，可以初步地看明白他想對付的許多難題。從尤其值得我們通讀《筆記》的附錄一，即「1913 年邏輯筆記」，可以明白他的關切何在，而正是這些關切促使他進行這項以《邏輯哲學論》爲其成果的探究。其中第 59-71 頁的討論很適合作爲例子，用來說明我們該怎樣用《筆記》輔助理解《邏輯哲學論》。《邏輯哲學論》3.24 的前身曾出現在這段討論的第 69 頁，而定本中的命題 3.24 本身措辭極爲簡略，也很難看出維根斯坦所謂的「意義的確定性」是指什麼，以及爲什麼維根斯坦要求「意義的確定性」。那麼我們雖然並不認定維根斯坦最終會贊同《筆記》裡的具體說法，但是通讀他早前的這段討論，仍能爲 3.24 提供一個關鍵的切入點。

但我們要堅持這樣一條重要原則：不要基於《筆記》就把某種觀點歸於維根斯坦，除非能從《邏輯哲學論》文本中找到直接或間接的印證。

· 《邏輯哲學論》採用的是《數學原理》中的邏輯記法，其中的許多特徵沿用至今（「∨」＝「或」；「∼...」＝

「非……」；「⊃」=「如果……那麼……」；「(∃x)...」
=「存在一個 x，……」）。但《數學原理》的記法有一
個特徵較爲陌生難解，這就是既把句點用作括弧，又用句
點來代表「且」。在本導讀中，凡不是直接引用維根斯
坦的地方，我都會在必要之處改用較爲熟知的「&」代表
「且」，並在必要的地方加上括弧。

第 1 節　「世界是一切實際情況」

《邏輯哲學論》開頭引導性的短短一節，引發了如下的
初始問題：既然這本書專門討論與邏輯和語言的本性相
關的問題，主旨是「爲思想設定界限」，那麼維根斯坦
為何要以一個對世界的刻畫作為開篇？以及，從什麼角
度説這些開篇段落是在為後面的一切設定背景？世界之
為事實的總和：這裡的「事實」是一個什麼樣的概念？
這是不是一種「事實的形而上學」呢？對絕對一般性、
窮盡性的強調貫穿整節；談論這種總和有意義嗎；世界
之「分解」為諸事實。

《邏輯哲學論》簡短的第 1 節，開篇處是對世界的一個
高度抽象的刻畫。接續這一刻畫的是第 2 節對事態的更細緻
的討論，因爲第 1 節曾告訴我們，構成世界的正是事態的存
在和不存在。該書從 1 到 2.063 這個部分，明顯意在爲後面
的部分設定背景，那麼在考察這些論述的細節之前，第一個
需要解決的問題就是：「維根斯坦在一本關注邏輯與命題的

本性，其目的據稱是『爲語言設定界限』的書裡，爲何沒有一開始就討論這些話題，而彷彿是在另一個完全不同的題目下展開討論，並向我們呈現了一幅世界圖景，而且是一幅初看上去有種形而上學色彩的圖景呢？」

　　有助於澄清這個問題的有 3 個要點。這裡有必要預先提到一些讀到後面才會遇到的思想，所以目前提出的幾個觀點就只有到下文才會變得比較清楚，不過爲了給讀者進入《邏輯哲學論》開篇這幾段時初步指引方向，我們還是把這些思想在現階段介紹給讀者。我們的目的是指出這些開篇段落扮演的角色，以便解釋這幾段的某些特徵，當然也是爲了解釋這幾段在書中到底是起什麼作用的。

　　指導維根斯坦整個探究工作的基本概念，乃是眞這個概念，或者說是爲眞、爲假的概念。無論他著眼於命題的本性，抑或邏輯的本性，抑或對語言的有意義使用與胡說之間的區別，他都一以貫之地以「眞」作爲他探究工作的核心。所謂命題，就是根本上有眞假可言的東西；所謂邏輯眞理，就是無論實際情況如何一概爲眞的東西；而如果你無法就一個貌似命題的東西爲眞與爲假的條件做出融貫的說明，那麼這個貌似命題的東西就是胡說性質的。

　　這樣一來，核心問題就變成：「一個命題之爲眞或假，之爲說得對或不對，這在於什麼？」而無論爲眞還是爲假，無論說得對還是不對，都在於向某種設定對錯標準的東西做出應答。而世界的引入，無非就是作爲一切能爲我們語言中的命題設定對錯標準的東西的總和，因而這樣一來，該書的任務就是解答如下問題：「我們語言中的命題與按上述方式

設想的世界從根本上有怎樣的關聯，才使命題能依據世界的樣子而爲眞或爲假？」回答了這個問題，我們就在如下意義上隱含地畫出了「語言的界限」：假如有人提出一個具有命題外觀的東西，並且假如我們可以表明，如果他在他聲稱是命題的那種東西怎樣和如此設想的世界處於如此關聯之中的問題上，無法做出自圓其說的解釋，那就表明他逾越了語言的界限，未能賦予那個貌似命題的東西以任何意義。

　　明確了這一點，對於這幾段導引性論述，我們可以獲得如下幾點初步理解：

1. 世界之爲我們的思想和語言須應答者

由事實而非由物組成的世界

　　如果要把世界呈現爲我們的一切思想與言說均須應答的東西，那麼這個世界就是一個由事實組成的世界，而不只是一份列出了世界包含何物的清單。「約翰是快樂的」這句話如果爲眞，則並非僅憑約翰而成眞，而是憑約翰所處的狀態而成眞，憑他是快樂的這一事實而成眞。我們至少可以在一開始，把《邏輯哲學論》這本書當成力求系統而原則性地把如下的直觀想法予以展開：一個命題爲眞，當且僅當它符合事實。不過人們談論各種「眞之符合論」時，常常懷有的想法是每個眞命題正好有一個使該命題成眞的事實與之對應。而這類理論的致命弱點從來都在於，除了少數極爲特殊的命題之外，無論是什麼命題，都不可能言之有理地對其指定這樣一件事實。所以與此相反，維根斯坦保留了「諸事實」

（facts）這一複數形式，而他打算表明的，也是任一命題可以如何顯示為要對構成世界的一大批事實做出應答。

一般性

開篇這幾段強調了絕對的一般性，強調了一切實際情況、事實的總和、全部事實。這一強調有幾方面重要性。首先，維根斯坦力求對命題和真假做出完全一般性的說明，這種說明對任何題材的命題都要適用。稍有不同的是，對世界做出的說明，則並非旨在對任何形而上學問題做出預判。在這裡，世界就是指無論什麼種類的一切實際情況，就是指我們的思想和言說所處理的一切。如此讀來，之所以強調一切實際情況，意圖就在於把世界應依觀念論還是實在論來理解之類的問題存而不論：只要有任何東西可供談論，可以使我們所言成真或者成假，這樣的事實就應包括在世界中。此處這樣來刻畫世界，就是為了讓一般性的形而上學爭論中的所有派別都能接受。

強調事實之總和的另一主要目的在於，正是如此設想的世界才給語言設定了界限，也就是給可言說的東西設定了界限（現階段尚不澄清這裡說到的「界限」是什麼含義）。正因為世界是一切實際情況，維根斯坦才能說：「邏輯充滿世界：世界的界限也就是邏輯的界限。」（5.61）如果無法表明某個貌似的命題能對如此設想的世界做出應答，那麼我們就無法對它為真為假在於什麼的問題做出融貫的說明，由此我們就揭穿它完全不是真正的命題，根本就是胡說。

極少主義

　　這裡對世界的刻畫只占了半頁篇幅，2～2.063 對世界的進一步詳細闡述也僅僅又用去不到 4 頁。一切都處於高度概括的層面，維根斯坦在這個層面上談論「事實」、「事態」與「對象」時，都沒有給我們舉例說明對象實際上會是什麼。比如說，維根斯坦沒有告訴我們，對象究竟會是類似牛頓式質點的某種物質原子，還是經驗的直接對象，也就是感覺資料（sense data）。維根斯坦也沒有告訴我們，「對象」這個術語究竟是只涵蓋殊相，還是也包括共相或者說屬性和關係，抑或「對象」這種東西無法刻畫為無論特殊還是普遍的東西。我們最多了解到對象必須滿足的某些形式上的要求：對象是簡單的，對象是每個可想像的世界所共有的，對象互相結合以構成事態。這促使一批評論者揣測維根斯坦心裡想到了哪種實例。而維根斯坦在 5.557～5.5571 所說的表明，所有這類揣測均屬誤解。他要做的這份說明，確實要求有簡單的對象和簡單的事態，但對象是什麼，則無法在他進行的邏輯探究中確定。要想對此有所發現，我們就得超出這種邏輯探究去考察維根斯坦在 5.557 所說的「邏輯的應用」，也就是對我們的語言實際上如何工作的問題展開某種經驗性探索，而要進行這種探索，看上去最合理的辦法，就是把《邏輯哲學論》設想的分析綱領在實際中貫徹到底。我們能說的是，考慮到維根斯坦為他的對象制定的要求，這些對象一定會非常不同於我們聽到「簡單對象」時，腦海裡首先浮現出的那種微小粒子。即使可以認為該書宣導某種原子論，這種原子論也該是「邏輯原子論」，並不是某種物理原

子論。下一節我們會考察哪種方案是更合適的選項，而眼下僅僅指出，有一些選項，例如：經驗的直接對象，看上去與維根斯坦爲他的對象規定的條件難以協調。

但如果說維根斯坦對世界的說明的本意是把關於世界的傳統「形而上學式」問題存而不論，那麼他的目的同樣也不是自己引入一套「形而上學」。至於多大程度上眞的沒有引入，這是有爭議的：他當然像是在宣導某種形而上學式的原子論，在此提出的許多說法也很類似實質性的形而上學主張，這方面可以舉兩個最明顯的例子：維根斯坦說，有一組簡單對象，這組對象是我們可想像的每一個世界都有的。他還說，世界可以分解爲一組互相獨立的事實。不過重要的是記住，維根斯坦關於對象只談了那麼一點點，至於他這些說法在什麼程度上相當於眞正的形而上學承諾，讀者也應等到確定了怎樣解讀這些說法的內容之後再來判斷。無論如何，我們可以有保證地說，維根斯坦本人並不想在開篇這幾段中發展出一套形而上學，並且，這些開篇段落在一個重要的意義上，原本是想要讓讀者盡可能讀得空洞一些的：如果不對世界的具體性質方面做任何的臆斷，我們關於世界最多也只能說這些。

2.實在論還是觀念論？

下面要提的這一點究竟會產生怎樣的影響，我們只能隨《邏輯哲學論》的進展而逐漸看清楚，但如果你眞正想領會這幾個導引性段落到底在講什麼，那就要先把這個要點記住。這本書之所以要闡述一份對語言的說明，目的是表明語

言裡的命題如何依世界的樣子而為真或為假，並表明語言之有意義在於能對世界做出應答。而該書的核心主題之一是，為使命題能成為對某一情形的表現，命題必須與其表現的情形共有某種東西——某種形式，或者說某種「邏輯複多性」（從例如 2.16、4.04、4.12 中可見）。維根斯坦進而主張，不但單個命題必須跟它表現的情形共有某種東西，連整個語言的結構都必須反映世界的結構，因此他會在 5.511 中把邏輯說成是「巨大的鏡子」（參見 6.13），還在 5.4711 寫道：

> 給出命題的本質，意味著給出一切描述的本質，從而給出世界的本質。（楷體字為筆者所加）

因此，開篇各段中有關世界的說法與後文中有關語言的說法之間，有著全方位的平行關係，開篇部分的好幾條論述都在後文中得到回應。那些明顯是從「本體論」角度做出的論斷，都在相應的「語言學」角度的論斷中得到輝映。可舉如下幾例：1.21 告訴我們，世界分解為一組獨立的事實，而後文中我們就了解到，語言可由一組邏輯上互相獨立的基本命題建構起來（見例如 4.211）；事態是對象的結合（2.01），而命題是名稱的連結（4.22）；組成事態的對象是簡單的（2.02），而名稱是簡單記號（3.202）；我們不能離開跟其他對象結合的可能性來設想任何對象（2.0121），而名稱只在命題語境中有意義（3.3）。

　　但這種平行關係看來勢必會激起一個疑問：「語言難道必須與世界共有某種結構，才能就具有那種結構的世界說點

什麼嗎？或者換個角度說，難道開篇各段認為世界所具有的結構，其實無非是各種語言形式強加給世界的嗎？」而這一問題看來又直指兩種可能的解讀，我們可以分別稱之為對文本的「實在論」讀法與「先驗觀念論」讀法。「實在論」讀法認為世界有一個先在的結構，這不依賴於我們對世界的思考與談論，並且，正因為世界有此結構，任何跟世界相接合的語言才必須要有相應的結構。而按「先驗觀念論」讀法，一旦脫離我們對世界的語言表徵，我們就無從通達世界以及世界的樣子，而我們歸於世界的結構──對事態與對象的所有這些談論──也只不過是我們語言中的形式所投射出去的影子；至於世界「本身」的樣子則必然超出了我們的認知能力，那麼它可能有大不相同的結構，甚至也可能沒有什麼結構。兩種解讀都有某些版本得到評論者的擁護，而且初看上去，無論是採取實在論的解讀還是觀念論的解讀，依照其中一種解讀來為維根斯坦的論述給出前後一貫的讀法，也都是可以做到的。此外，按進展階段的不同，有些地方認為維根斯坦是用語言的本性來論證世界的本性比較自然，而在另一些地方把論證看成反著來的似乎更為自然。

剛剛提出了幾個很自然會出現的問題，而讀者在研讀時牢記這些問題也很重要。但如果我沒有把維根斯坦本人的態度理解錯，那麼他其實是主張，歸根結底，並不真正存在前面提到的那兩種備選項，而提出上述問題，恰恰表明讀者在不知不覺地企圖讓「邏輯去僭越世界的界限」，而做這番無用功的結果，只能是說出廢話。全書最難解但也最關鍵的一系列論述，無疑是 5.6s 各段對唯我論的討論，等我們考察

到這部分時還會討論這個問題。眼下我只想評論說，5.6s 一系列論述的結論，即「嚴格貫徹的唯我論與純粹的實在論相重合」，其主旨之一正是要駁斥上述兩種備選讀法的真實性。無論我們好像多麼不可避免地要在兩種方案之間做出取捨，無論我們提出的問題因而顯得如何緊迫，如何從根本上有其重要性，維根斯坦都想讓我們明白，儘管我們表面上給這些問題賦予了意義，但其實並沒有。

3. 《邏輯哲學論》中論述的自成問題性

　　詳細討論開篇各段之前，最後要留意的一點像前兩點一樣，都只有在研讀《邏輯哲學論》的過程中才充分顯出其意義。單就這一點來說，我們只能把它留到導讀結尾處才能妥當處理。維根斯坦邀請我們共同參與的事業有某種從深處成問題的東西，他本人也將在 6.54 說出這句出名的話：「我的命題以如下方式起到闡明作用：知我者……最終認識到這些命題是胡說性質的…… 」有若干條可辨的思路能引向這個悖論，等考察 6.54 時我們都會細講，不過在此可以先考慮其中兩條直接關乎當前導引階段的思路。其中第一條是這樣的：如果我們的任務是表明語言如何與世界相匹配，那麼我們要做的是描述世界中的事實，並給出憑這些事實而成真的命題，然後擺明二者的匹配之處——這明顯就是維根斯坦接下來要做的。可是，要描述使一命題成真的事實，唯一的辦法是正好使用命題中用到的那種詞語形式（或者至多用某個邏輯上等價的命題），結果到頭來我們說出的是：「『天在下雨』是憑天在下雨這一事實成真的」，但很難說這是我

們真正想聽到的驚人消息。維根斯坦顯然是企圖做一件不可能做到的事：他想登上一個高於語言與世界的據點，並從那個視角，描述語言與世界在他眼中呈現出的關聯，而這會要求「我們必須能和命題一起置身於邏輯之外，也就是說，置身於世界之外」（4.12），並且「我們不能思考我們所不能思考的東西，因而我們也不能言說我們所不能思考的東西」（5.61）。由此我們最終認識到，我們試圖描述那種關聯時說出的句子，其實是無法賦予任何意義的。第二個與此相關的要點是，我們終會證明，不可能有意義地把世界當成整體來談論（參見 6.45），我們也不能說「這些就是全部事實了」或者「這些就是所有的對象（或例如所有的命題）了」這樣的話。但他其實似乎正是由此講起的：「世界由諸事實所確定，由這些事實即是全部事實所確定。」在這點上會顯露出維根斯坦與羅素之間的一個根本分歧，待我們討論維根斯坦在 5.52 對概括命題的處理時會詳加考察。在羅素看來，要對世界做出完整的具體說明，就要詳細列出所有特殊事實（用維根斯坦的術語說，所有事態的存在與不存在），連同這樣一個一般事實，即這些特殊事實就是全部的事實。但在維根斯坦看來，沒有這樣的一般事實，只存在特殊事實。可這就是說，談論「事實的總和」的結果必定是胡說八道。維根斯坦把自己置於如此自我撤銷的悖謬立場究竟用意何在，我們在研讀的最後一節將會專門探討。不過啟程之際，有兩點希望讀者能記在心裡：(1) 無論我們怎麼理解，維根斯坦《邏輯哲學論》的論述所具備的這種自成問題性，都並非出於偶然，而實乃該書核心要旨之一。所以，要想領會維根斯

坦的志業，就要在研讀時仔細體察《邏輯哲學論》的命題如何悖謬，即這些命題如何不斷地在暗示著它們其實無法說出它們表面上說出的東西。(2) 第 2 點是第 1 點的逆命題。要想理解維根斯坦，除了先把《邏輯哲學論》的命題當成直截了當的說法來讀，沒有別的辦法。只有研讀完全書，才能真正著手求解這個問題：「該如何看待維根斯坦把他的命題稱爲胡說？」

　　以此爲背景，我們可以考察第 1 節各段的內容，其中主要將講解這兩段：(1)1.1：世界作爲事實之總和與作爲物之總和的對比，以及 (2)1.2：世界之「分解」成一組獨立事實這一思想。

事實組成的世界

　　維根斯坦在 1.1 中，對事實組成的世界與物組成的世界做出了一項對比。這項對比的初衷相當明確：要想確切說明世界，不能憑列出一份世界所包含諸對象的清單。要想知道世界是什麼樣子的，必須知道事物是怎樣安排的：一張單單羅列出諸對象的清單，不僅相容於世界實際所是的樣子，也相容於世界原本可能是的很多種樣子。如果說世界是一切實際情況，則這所謂的一切，乃是我們的思想和話語有可能關涉的一切，也是我們的所言須應答的一切，而我們的所言不是向對象做出應答，而是對實情中的事實做出應答的。

　　可是在上述初衷之外，這些開篇段落裡還有與之相關的第 2 點考慮。維根斯坦本人後來曾這樣解釋 1.1：

> 世界並不在於一張列出了諸物以及有關物的諸事實的清
> 單（好比一場演出的節目單）。……世界是什麼，是由
> 描述而給出的，不是由一張對象清單給出的。[2]

節目單這個比喻要說的是，我們並非彷彿先察知諸物，再察
知關於那些物的事實。了解有關物的事實，是我們通達物的
僅有途徑。在維根斯坦看來，所謂物，本質上就是事態的潛
在要素（參見 2.012）。實際上，維根斯坦在思考對象的時
候，一貫把「語境原則」擺在重要位置上：對象是名稱的所
指，而名稱只在命題語境中有意義。這一原則我們會在 3.3
詳加考察，不過眼下可以先提示一下維根斯坦這番說明的要
領：我們不是從對象概念出發，把對象看成用以堆疊出事實
的砌塊，以此得出事實的概念；恰恰相反，我們透過分析事
實才得出了對象的概念。

　　而若要認真對待《邏輯哲學論》的開篇段落，還需要
認真對待「事實之為世界之要素」的思想。許多哲學家對於
如此把事實當真的想法抱有疑心：他們宣稱，說「p 是一件
事實」無非是繞著彎地說 p，還有人甚至古怪地宣稱：事實
就是真命題[3]。但不容置辯的是，不僅諸物存在，諸物的安排

2　D. Lee, *Wittgenstein's Lectures, Cambridge 1930-32* (Blackwell: Oxford, 1980), p. 119.

3　想了解這個問題上較晚近的哲學討論，宜從 P. F. 斯特勞森（P. F. Strawson）與 J. L. 奧斯汀（J. L. Austin）的論辯入門。見 Strawson, 'Truth', in *PAS* Supp. vol. 24 (1950): 129-56 and Austin,

方式也存在；要想知道某個命題是否為眞，我們不但要關心
有哪些物，而且要關心物的安排方式及其所處的狀態，這就
意味著我們必須審視相關的事實。「p 是事實」無疑等價於
「p」，但這並不比約翰無疑名叫「約翰」這點更為出奇，
事實也沒有因此就成了虛幻的東西，正如約翰本人不會由於
有了「約翰」這個名字就成了虛幻的東西。我們想描述一段
話關於什麼，要用到的詞語當然就是說出那一段話要用到的
詞語，這個顯而易見的道理並不值得大做文章。

　　值得討論的，並不是世界上是否有物的樣子和物安排成
的樣子，眞正的問題還在別處。我們如果接受事實的存在，
那麼是否就要把事實當成由事實關涉的物所組成的複合物
呢？維根斯坦初次把《邏輯哲學論》給弗雷格看的時候，弗
雷格似乎就以為維根斯坦想把事實當成這樣的複合物。據記
載，維根斯坦似乎對弗雷格當時的評論很生氣，10 年後似
乎又覺得弗雷格有一定道理[4]。這件事的眞相很難查清，但從
現有的證據來看，維根斯坦最早的回應更切中要害。弗雷格
沒有仔細研讀過《邏輯哲學論》，他的評論也許基於一些比
較表淺的印象，維根斯坦後來對他早期思想的回憶也從不是
完全可靠的。確切說來，維根斯坦當時拿事實跟複合體做過

'Unfair to Facts' (1954, reprinted in J. L. Austin, *Philosophical Papers* [ed. J. O. Urmson and GJ. Warnock; OUP: Oxford, 1970]).

[4]　見 Wittgenstein, *Philosophical Remarks*, Appendix 'Complex and Fact' (pp. 301-303).

對比[5]，在《邏輯哲學論》正本中也沒有用弗雷格的批評所假定的說法來談論事實，尤其沒有把對象說成涉及這些對象的事實的成分。如果說維根斯坦在哪裡確實沒搞清楚，那是在與此相關的另一個問題：《筆記》中所稱的「複合體理論」，即認為如果約翰愛瑪麗，那麼就有〔約翰—愛—瑪麗〕這樣一個複合體存在[6]。這個複合體並不是約翰愛瑪麗這一事實：而他後期的批評針對的是複合體理論，針對的是他之前以為可以把諸如人體之類的日常複合物，視為這個意義上的「複合體」，而並不是針對世界由事實組成這一觀念。到了《邏輯哲學論》時期，「複合體理論」已經基本上從維根斯坦的思想中消失了，只是還在 2.0201 中做客一般地露面，這條論述我們之後還會談到。但即便《邏輯哲學論》中提到了複合體，這些複合體也總是描述成了一經分析就會消失的東西，而我雖然要援引複合體理論來解說 2.02～2.03 的論證，畢竟我覺得那樣更加忠實於維根斯坦的思考，但是要展開說明那段論證，也完全可以不採取維根斯坦複合體的角度，而是採取日常複合物的角度。

出於下列幾條理由，我們拒絕把事實視為複合物，並且認為，把事實視為複合物違背了維根斯坦的本意：

· 首先也是最根本的一點是，如果你把事實說成對象，說成由更簡單的物所組成的物，那你就背叛了維根斯坦本來的洞見，正是這一洞見引導他要求我們視世界為事實的總和

5　例如見 Wittgenstein, *Notebooks*, p. 48.

6　同上。

而非物的總和。我們既已堅決主張我們的命題是對事實而非對物做出應答的，假如再回過頭把事實無非視為另一種物，我們原本持守的立場就失去意義了。

· 弗雷格先是認定維根斯坦把事實視為複合物，又基於如下這點，提出了一系列簡單的駁斥：我們談論和思考複合物及其成分的方式，是完全不適用於事實的。例如：部分─整體關係的根本特徵之一在於，整體中某部分的某部分，本身是整體的一個部分：把這一點用在事實及其成分的問題上，會得出荒謬的結果。照此說來，如果把達夫尼斯（Daphnis）和克洛伊（Chloe）視作達夫尼斯愛克洛伊這一事實的兩個部分，我們看來就無法不說達夫尼斯的左腳也是達夫尼斯愛克洛伊這一事實的一部分。

· 事實若作為複合物來看，則像是一種至為神祕之物：想要確切說明達夫尼斯愛克洛伊這件事實有哪些「成分」，在我們看來就不光有必要列入達夫尼斯和克洛伊，還必須列入「愛」這個關係──若不是作為共相而列入，就是作為此類關係的一個特定個例而列入。至於這些互相異類的實體如何組合，我們是無從理解的。

· 與上一點相連而又進一步的要點是：把事實的複合性改造為一個複合物的複合性，會歪曲那種複合性的本質。事實的複合性看上去完全不同於複合物的複合性。我們可以把諸如一個人這種日常複合物看成複合的，但我們並不是必須要這樣看：我們給人起名並用那些名字談到他們，這時候我們都無須想到人的合成性；我們就他們提出一些說法，無須在其中提示他們怎樣由各部分組成，也無須提

示他們確實是由各種部分所組成這一點。然而要想具體說明一件事實，例如：達夫尼斯愛克洛伊這個事實，我們就只能把事實作為複合的東西來說明，而別無他法——在對這個事實的具體說明當中，我們不得不先提到達夫尼斯，再提到克洛伊。給定任一複合物，我們都可以用多種方式組織它的結構，或索性完全忽略結構而把它看成簡單的東西。然而，如果把事實設想為命題可以應答的東西，我們只能設想事實具有的結構直接反映著表現它的命題的結構。

從而，要理解維根斯坦的世界觀念，即世界之為一切實際情況，之為我們的命題須能應答的事實總和，要領就在於不要變戲法一般地把事實弄成莫名其妙的複合物，從而歪曲了維根斯坦的世界觀念。

世界之「分解」為諸事實

至此，我們對「事實」這個詞還只是採取相當廣泛的用法，依這種用法，如果有個人在這房間裡，我們就能談論有個人在這房間裡這一事實。不過，要想理解《邏輯哲學論》開篇各段的其餘部分，我們需要進一步限定「事實」一詞的含義。就「事實」的廣義而言，凡是真命題都符合事實，而取其狹義，事實總是完全確切、完全個別的，只能由不具邏輯複合性的命題來指定。狹義事實何以重要，可以解說如下：考慮有個人在這房間裡這個（真）命題，那麼該命題之所以成真，不是單憑「有個人在這房間裡」這麼一個無所連帶的事實，這個命題總要憑著一個特殊事實而成真——要麼

湯姆（Tom）在這房間裡，要麼迪克（Dick）在這房間裡，要麼哈利（Harry）在這房間裡，要麼……。這一點，我們讀到 4.0312 時還會再講到，不過眼下可以先初步講講維根斯坦的大體想法：邏輯上複合的命題，或者說不確切的命題，從不能無所連帶地爲眞（barely true），可以說，它從來不能單憑某個邏輯上複合的或者說不確切的事實成眞，而總要憑其背後的特殊事實而成眞。維根斯坦這個觀點的要領在於，嚴格地說，只存在特殊事實，即狹義事實，廣義事實則只能在一種謙讓的意義上，或是一種衍生的意義上被稱作「事實」。維根斯坦由此一直推想到其邏輯結論，最終設定了一個由完全確切、完全特殊的事實組成的巨大萬花筒，萬花筒裡的每件事實都在於一個特定事態的實存或非實存，而世界就在於這樣一個萬花筒：是所有這些事實構成了「一切實際情況」。

　　更有爭議也更難以辯護的是他 1.21 中的說法，即世界可以分解爲一組獨立的事實（「一件事情可以是或不是實際情況，同時其餘一切仍保持原樣。」）。這個主張的難點在於這樣一個考慮：不妨設想有 a 與 b 兩種不同的色調，然後有這兩個說法：時空中的某一點爲 a 色，以及同一點是 b 色；二者都像是完全確切的說法，都指定了簡單的事態。但這兩個說法明顯不相容，並且一個事態的實存會排除另一個。維根斯坦嘗試在 6.3751 處理這個難題，但處理得很不理想，他後來則認爲自己明顯在此犯了錯誤 [7]。

---

[7]　例如見 Wittgenstein, *Philosophical Remarks*, pp. 105-14.

　　而我們要考慮的是 3 個問題：第 1 個也是最重要的問題：「爲什麼維根斯坦在此被引向這樣的論斷？」另一個問題簡短一些，就是：「他的論斷站得住腳嗎？」以及第 3 個問題：「如果這點上他錯了，對《邏輯哲學論》有什麼損害嗎？」

　　爲回答問題一，我們須考慮他在 1.13 用到的短語：「邏輯空間中的諸事實」。後來他嘗試澄清這個短語，說此處是「把語法類比於幾何」[8]。維根斯坦的想法，我們可以像這樣來直觀地理解：我們可以設想，一個命題面對著一大批特定事態的可能的實存與非實存，這時它要在這諸多可能性當中切分出一個區域，然後說：「眞相就在這個區域內。」「語法」把必要的自由度賦予語言，以供語言來實施這一切分。而如果把這一區域隱喻當眞，我們就把語言面對的世界，設想成以類似於空間接合（spatial articulation）的方式接合起來的了。若進而把事態理解成分布在邏輯空間的不同點位元[9]，事態的相互獨立性就會類似於如下想法，即時空中某處

---

[8]　Lee, *Wittgensteins Lectures*, p. 119.

[9]　此處有一點複雜之處需要提到，不過眼下尚不必眈擱於此。維根斯坦在《邏輯哲學論》中，似乎在不同位置對邏輯空間有兩種不同的理解。按第一種亦即我目前概述的這種認識，邏輯空間的各個點由諸事態占據，而按另一種認識，其各個點則由諸「可能世界」占據。要想解釋如何建構現實世界的一幅完整圖畫，需要取第一種認識；而要想對一個命題的成眞條件做出完整的說明，需要取第二種認識。若要把邏輯空間的隱喻充分廓清，我們還需要一種更複雜的邏輯空間結構，比上述兩種認識各自分開來看都更複雜。

發生的事情跟另一處發生的事情之間不存在邏輯推論關係。依此，一個命題通過指定邏輯空間的哪些點位被事態占據，哪些點位爲空，它就點彩式地構建了一幅實在的圖畫。

很容易看出這樣一個簡單的模型何以吸引了維根斯坦，但假如實際上能證明世界不可能分解爲一組完全獨立的事實，那麼爲了容納這點，就要把上述模型複雜化。把時空中某點爲 a 色而同一點爲 b 色這一說法，分解成比這還要「更簡單」的說法，最終達到一組完全獨立的事態，這項任務其實不像人們有時候說的那樣無法完成。但完成這項任務所需的建構，會越發顯得不自然。而且，即便這組事態確有可能分解爲這樣一組獨立項，問題卻是：「維根斯坦眞有理由堅信必定能這樣分解嗎？」假定了有可能這樣分解之後，他構思出的整套論述當然就顯得巧妙而簡潔了，但簡潔性本身並不是認定問題必然能這樣解決的充分理由。

如果維根斯坦在這點上錯了，他所做的說明又會受到多大損害呢？回答是：相對來說較小；比如說，全書爲之鋪墊的核心主張是不受損害的，這一主張就是命題 6 對命題一般形式的說明。唯一眞正受影響的實質性論點是「只存在邏輯的必然性」的主張（6.37），當我們把這一主張連同下文將會考察的對邏輯眞理的眞值函數式說明放在一起來看，它所受的影響就會體現出來。「a 是紅的則 a 不是綠的」這類命題應是必然眞理——用維根斯坦的術語叫作「重言式」——但這類命題卻不可能完全歸結到眞值函數來說明。不過，爲求容納此點而修正他對邏輯的說明，固然會使他的整套敘述變得太爲複雜，但實旨不會受到損害。

> ✎**討論話題**
>
> 　　開頭一節最重要的話題都涉及事實的概念，這些話題可以總結如下：
>
> 　　把對事實的談論當真，並且視事實為世界的要素，這種觀點有沒有成問題之處？
>
> 　　如果我們把事實當真，並且把世界當作事實組成的世界，我們能免於把事實視為某種複合物嗎？
>
> 　　這些開篇段落是否如弗雷格所見，有某些說法會迫使維根斯坦把事實認作某種複合物？

第 2 節　「實際情況，即事實，是事態的實存」[10]

　　本節自然地分為兩半部分。上一節裡，維根斯坦已經把世界看作存在的事態所構成的網路。而到了本節前半部分（2～2.063），他開始著重關注事態本身，把它刻畫為「對象的組合」。這段討論的關鍵部分，也是我們將予以最多關注的，是對象之簡單性的論證（2.02～2.0201），以及對象形成「世界的實體」。本節後半部分，維根斯坦引入了對事實予以圖示的概念，於是就為本書主題之一，即為命題與思想正是此類圖畫這一主

---

[10] 注意：若用奧格登譯本，那麼他是把 Sachverhalt 譯成「atomic fact」（原子事實），把 Sachlage 譯成「state of affairs」（事態）。而我遵循皮爾斯和麥金尼斯，把這兩個詞分別譯成「state of affairs」（事態）和「situation」（情形）。

題，鋪平了道路。對後文尤其重要的是下列思想：圖畫之為模型；一幅圖畫是一件事實；為能表現一個情形，圖畫必須與其表現的情形有某種共同的東西；「表現」與「描繪」之間的區別；圖畫既可能正確也可能錯誤，「或者為真或者為假」。

《邏輯哲學論》第 1 節中，維根斯坦把世界呈現為巨大的事實之網，又把事實刻畫為事態的實際成立。本節前一半，維根斯坦進一步說明何為事態，最初是在 2.01 把事態描述成「對象的結合」。等我們明白了維根斯坦如何把命題說明為實在的圖畫之後，我們將更能看清上述刻畫的旨趣所在，眼下，我們可以先把它看作解釋了事態的偶在性——解釋事態何以既可能實存也可能不實存：我們考慮一組既可以相互組合，也可以不相互組合的對象。這些對象若恰當地結合起來，事態就會實存，就有了這些對象如此相互組合這一事實；這組對象若不這樣組合，相應的事實就不存在。

在此，重要的是切勿就對象的本性做任何預判。《邏輯哲學論》論證了應該存在此類對象，而沒有論證對象應該是什麼。我們可以把對象當成實在中能由簡單專名來命名的要素：維根斯坦很清楚，我們無法先天地得知對象實際上是什麼。要想發現對象是什麼，需要進行某種經驗探究——主要是需要對我們的語言進行充分的分析。就連對象究竟是僅限於殊相還是包含了屬性、關係等的問題，也不應該予以預判。因為這類預判容易歪曲維根斯坦要確立的說法，結果很可能是把他的觀點弄得完全不可信。維根斯坦在《筆記》

裡為了方便探討，看似還不時地對於簡單對象具備的本性提出一些假設——而最常出現的假設，是把一個複合物向其簡單成分的分解，說得類似於把物體分割成較小的物質性的部分，彷彿暗示「對象」即某種原子微粒。其實任何人探討此處的關鍵問題，幾乎都不可避免用到這類示例，但我們絕不能以為這些示例能告訴我們維根斯坦認為簡單對象是什麼，也不能把任何並非嚴格為目的所需的意思讀進這些示例裡去。那麼，筆者也會在本節前半段的末尾提出一個模型，以此闡明維根斯坦給對象提出的所有要求有可能怎樣得到滿足，畢竟這可以幫我們理解他提出的到底是怎樣一些主張，然而讀者無疑不能把那個模型當成對相關疑團的真正解答，更不能當成維根斯坦本人懷有的想法。

對於《邏輯哲學論》的對象，我們的全部了解也僅限於對象滿足這幾條形式層面的要求：(1) 對象應是簡單的（2.02）；(2) 每一個我們可想像的世界均須有同一組對象（2.022～2.023）；(3) 對象能與其他對象形成直接組合的關係。

先講講維根斯坦此處立場的要領所在，或許能有助於理解他關於對象本性的探討。維根斯坦本人在《哲學研究》中對他早期觀點的介紹，唯此一處是真正有用的：

> §50講到元素，說我們既不能說它們存在，也不能說它們不存在，這是什麼意思？——有人可能會說：我們稱為「存在」和「不存在」的一切東西都在於元素間有某些連繫或沒有某些連繫，那麼，說一種元素存在（不存

　　在）就沒有意義；正如我們稱為「毀滅」的，就在於元
　　素的分離，因而談論元素的毀滅沒有意義。

一件事實的存在，在於對象以合適的方式結合起來。因此我
們會認為，某組對象的存在，構成了但凡有事實存在則必然
要求的條件。而既然這些對象是事實存在的前提條件，對象
自身的存在就不能還只是個事實性的問題。相反，對象構成
了世界的實體，即所有事實性東西的必要背景。

對象之為世界的實體

　　2.02～2.021 這部分裡，維根斯坦提出了一段對《邏輯
哲學論》中「對象」之簡單性的論證。這既是全書最難把
握的一段論證，同時，這在他對世界以及對語言如何與世
界相關聯的總體說明的闡發進程中，也是至關重要的一段論
證。其論述上的隱晦，則導致目前大家在理解維根斯坦用
意上達成的共識，比全書其他篇章還要少。這是一段歸謬式
（reductio ad absurdum）論證。其結論是，構成了世界之實
體的簡單對象是存在的；確立這條結論的則是一段表明如下
觀點的論證：假如沒有簡單對象，則完全不可能勾畫出世界
的圖畫。儘管維根斯坦惜墨如金，但 2.0201 到 2.0211 的細
節相對容易補入，難點都集中在 2.0211 到 2.0212 這一步。

　　至於這一步應當怎樣理解，下面我會提出自己的解讀，
但同時我也要提醒讀者，這一直是個有大量爭議的問題。我
這裡要提出的解讀，與我了解到的其他研究《邏輯哲學論》
的文獻提出的解讀都不一樣。本節末尾處則會指出另一條更

常見的解讀思路，以供讀者討論。

　　詳細展開這段論證之前，有幾點要預先講明：

· 這裡的論證預先調用了一些後文才會引入的想法。本段論
　證雖然還處在闡述世界及其內容的階段，根本來說卻有賴
　於一些涉及命題與圖畫的考慮。在此，維根斯坦看來是從
　語言必定可能這一事實推論出有關世界的事實，而後文又
　有幾處貌似是從相反方向推論的（語言必定如何如何，否
　則無法接合於世界）。等我們讀到 2.16，還會再來討論語
　言與世界的這種「和諧」，但我仍要先說明，這種讓正反
　兩個方向的推論都行得通的和諧關係，其實是貫穿全書最
　基本的主題之一，維根斯坦有時把它明確提出來，但它始
　終在背景之中。

· 對後文內容最主要的預先調用，很明顯就是「世界的圖
　畫」的概念。這裡要注意，本段論證的成敗攸關之處，不
　只在於語言與思想是為實在勾畫圖畫的手段，還包括對圖
　畫的某種相當特別的理解，但對這種理解的充分辯護直到
　第 3 節才會提出。這種對圖畫的理解方式，是當前論證中
　最關鍵也是最脆弱的部分。而《哲學研究》後半部分的要
　旨之一，也是逐步動搖這種引導了維根斯坦以《邏輯哲學
　論》中的角度去理解圖畫的思維方式。維根斯坦的早期與
　後期思想之間，最激烈的交鋒正是發生於此，反倒不是發
　生在《哲學研究》開頭處對《邏輯哲學論》的一些遠為膚
　淺的批評當中。

· 應該強調，維根斯坦雖在這段最為明確地論證了簡單對
　象，但他的思想中，其實有很多條脈絡指引他去設定簡

單對象的存在（比如我們將會了解到，簡單對象是他為了說明概括性和概括命題的意義而要求的）。在《邏輯哲學論》中的不少地方，維根斯坦之所以確信某個重要的觀點，與其說是由於單獨某段論證確立了這個觀點，不如說這個觀點彙集了他思想中的多種要素，本段就是其中一例。這就說明，維根斯坦對存在簡單對象的主張是否成立，並不完全以本段論證為轉移，並且即便如我所見，這段固然極富趣味的論證不免略有瑕疵，我們照樣不能就此把維根斯坦所持的存在簡單對象的觀點輕易打發掉。

· 讀者特別要在本段與 3.23～3.24 做一下比較。初看上去，由兩段中某些想法的呼應好像可以得出，這兩段只是出發角度略微有別，對簡單對象做出的論證是一樣的。但其實這兩段論證截然不同，一經細察，還能發現二者的關係相當緊張。二者的結論固然相同（需要有簡單對象），但本段的結論是從世界需要「具有實體」得出的，而後文的結論則是從「對意義的確定性的要求」得出的。因此，二者隱含著在如下兩個問題上大不相同的設想：一是如何看待複合體與其成分的關係；二是如何分析命題。維根斯坦的實際思想歷程中，第二段的思想產生得比第一段晚，那麼假如要調和這兩段文本，就需要照顧第二段的說法來調整第一段（2.0201 尤其需要改動）。不過，下面還是單純就第一段現有的表述來疏解其思路。

論證的起點是 2.0201，維根斯坦曾有一次稱之為「複合體理論」。

複合體理論可表述為這樣的命題：「如果一命題為真，則有某物存在」；如下兩者似乎是有差別的：一個是a與b之間有關係R這一命題所表達的事實，另一個是與b處於關係R中的a這一複合體，後者是那一命題為真時存在的東西。我們似乎可以標示這個東西，乃至用上一個實實在在的「複合記號」去標示它。[11]

這裡的想法似乎是這樣：如果一個命題為真，那麼世界中就有某個東西使其成真，因此就有一個複合實體使其成真。照此說來，如果貓是坐在墊子上的（if the cat is sitting on the mat），那就存在著貓—坐在—墊子—上這一複合體（the *cat-is-sitting-on-the-mat* complex）。維根斯坦把這一實體區別於貓是坐在墊子上的這件事實（the fact that the cat is sitting on the mat）——這件事實完全不是對象，因而既非簡單對象亦非複合對象。維根斯坦採取了一種約定記法，把這個對應於真命題「aRb」的複合體記為「〔aRb〕」，於是我們可以說，「〔aRb〕存在」等價於「aRb」。這個複合體的成分則是命題中指涉的對象（但值得一問的是，命題中提到的屬性與關係是否也要算作成分。〔貓—坐在—墊子—上〕的所有成分究竟是貓和墊子，還是貓、墊子再加上二者形成的關係？如果我們說只有貓和墊子才算是成分，那麼就不可能區分比如〔湯姆—胖於—迪克〕跟〔湯姆—高於—迪克〕這樣兩個複合體了，因為二者似乎都坍縮成了湯姆和迪

---

11 Wittgenstein, *Notebooks*, p. 48.

克的混合體。可是如果說二者間的關係也要再算作成分，那麼這類複合體就變得頗為神祕，又完全不像我們平常所認的複合物了 [12]）。

　　接下去討論時，維根斯坦似乎未置一詞地假定，手錶、人、書本之類的日常對象就是方才所解說的意義上的複合體。然而，他雖對這個假定未置一詞，但這一步是需要辯護的：而其辯護並非簡簡單單在於一個顯見的事實，即這些對象看起來明顯由各部分組成，故而有諸成分，因為這樣說只不過是玩弄「成分」一詞的文字遊戲而已。真正需要的，是表明這些對象具有上一段所述意義上的諸成分。表明這一點則要憑藉另一項考慮，一項無疑是維根斯坦的論證所必需的考慮，即這種日常對象是偶在實體：這隻錶本來有可能不存在，並且我們能夠輕易想像這隻錶倘若不存在則是怎樣的情形。這就說明，需要有一個真命題來表達這隻錶確實存在。而依據上一段的論述，該命題將有一個複合體與之相連繫，這個複合體當且僅當該命題為真時存在，正如那隻錶一樣。因此，我們走出了這樣一步，即把這隻錶等同於那個複合體，把命題中提到的各個實體認作這隻錶的各個成分（應當注意，按這條思路走下來，就沒有理由認定這隻錶的各個成分一定就是組成手錶的各個實體零件了）。

　　在這個背景下來解讀 2.0201 就會比較容易。假設我們

---

[12] 可以對比維根斯坦本人後來在《哲學評注》（*Philosophical Remarks*）附錄中以「複合體與事實」（Complex and Fact）為題的探討。

考慮一個談論某茶壺的命題，例如：「茶壺重五盎司」，並把茶壺視為複合體，其成分為壺身與壺蓋，故而當且僅當壺蓋蓋在壺身上時，茶壺存在[13]。那麼我們可以把上述命題重寫成：「複合體〔壺蓋－蓋在－壺身－上〕重五盎司」，然後再把它分析成這樣：「壺蓋在壺身上蓋著，並且壺蓋與壺身的重量之和為五盎司。」維根斯坦談到「完整地描述複合體的命題」時，所想到的就是上述命題的前半句。那麼如果壺身和壺蓋本身又是複合體，我們可以再分析一遍，得出一個更複雜的命題。這個分析流程有可能要一直重複下去，每一階段的分析都揭示出更進一層的複合實體，但這個流程也可能最終會停下來。而它停下來的唯一方式在於我們達到這樣一個階段，這時從談論複合體的命題分析出來的命題所談論的，是並非複合體的成分：亦即簡單對象，而說簡單對象有可能不存在是在胡說。

那麼現在產生了這樣的問題：「上述分析即使永遠不會終止，又有什麼要緊呢？」更根本的問題是，「做這種分析為的是什麼？」就算認為「茶壺重五盎司」相當於「壺蓋在壺身上蓋著，並且壺蓋與壺身的重量之和為五盎司」，那麼為什麼要把前者分析為後者，而不如其所是地簡單接受前者呢？對此，維根斯坦最初的回答在 2.0211：如果我們不

---

[13] 不消說，這個例子簡化得較為造作，舉出來只是為示例起見，而如果真正分析到一個對象的成分，會比這複雜得多。尤其要說，若考慮到我前述的觀點則沒有理由認定，像茶壺這樣的對象，其成分是從物質上組成它而小於它的各個部分。

能完成上述分析流程,那麼「假使世界沒有實體,那麼一個命題是否有意義就依賴於另一個命題是否為眞」。他這裡的想法,展開來講是這樣:假設我們考慮一個提到偶在實體的命題,諸如包含人類專名的命題,比如說,「蘇格拉底是有智慧的。」依我們平常的理解,該命題提到了蘇格拉底的名字,並把一個屬性歸於這個人,所以這個命題是眞是假,依蘇格拉底是否有智慧而定。但這種理解預設了蘇格拉底的存在,並且只有假定了的確有過蘇格拉底這個人,這個命題才有眞假可言(這在維根斯坦看來就等於說它有意義)。可我們就算知道「有過蘇格拉底這個人」為眞,這又是個有意義的命題,我們原本舉例的命題,則只有當這另一個命題為眞時才有意義。

於是又有一個問題:「那又怎麼樣呢?」畢竟,我們用名字稱呼周圍的人,用名字談起這些人,都沒遇到什麼麻煩。固然,假若從來沒有這些人,我們就不能再給說到這些人的命題賦予我們現在能賦予它們的意義,但這沒有給我們運用語言造成什麼明顯的困難。這時候維根斯坦在 2.0122 回答說:「那樣的話,就不可能勾畫出世界的(無論眞的還是假的)圖畫了。」維根斯坦的想法在此表達得極為簡略,特別是維根斯坦毫無預兆地把圖示觀念引入到討論中,儘管到後文中,維根斯坦才又把圖示觀念擺在他對語言和思想的整個說明的根基之處。他做出的說明,要求對圖畫有一種相當特別的理解,而這種理解也只有到後面那個階段才得到論證。現階段,我將只對維根斯坦的說明中對於理解本段論證來講必要的幾點做一概述。

‧首先，圖畫包含了圖畫對於實在所形成的表現關係（2.1513）。維根斯坦把圖畫描繪其所描繪者這一點，作為圖畫的要件包括在圖畫之中。

‧第 2 項要求有悖於直覺，但我認為，無論是對於弄懂本段論證，還是對於弄懂我們下一節開頭會考察的一點，即維根斯坦對思想的理解，這項要求都是必需的。我們到第 3 節開頭會考察維根斯坦為什麼給圖畫概念加上這項要求。而為眼下目的，我們先對這項要求稍作解釋，以說明它如何支撐本段論證。維根斯坦的圖畫觀念認為，一幅圖畫是圖畫以及它畫的是什麼，都是這幅圖畫的內在性質。我們必定無需指向圖畫之外的任何東西，就能認出一幅圖畫是圖畫以及它畫的是什麼。

對此心中有數之後，我們來考慮一幅圖畫——比如，拿破崙正向莫斯科進軍——或者如下命題：「1812 年，拿破崙進軍莫斯科」，畢竟維根斯坦已經在此預設了命題也是一類特別的圖畫，儘管還沒有論證。曾有拿破崙這麼一個人，這屬於偶在事實。因此，就這樣一幅拿破崙進軍莫斯科的圖畫而言，如果我們讓這樣一幅圖畫存在的可能性取決於拿破崙的存在，那麼這幅圖畫之為圖畫就取決於圖畫之外的某個東西，而這個東西是否存在，單單研究圖畫本身是推論不出來的（維根斯坦在《筆記》的相關部分以及《邏輯哲學論》全篇中，都只考慮描繪實在的圖畫，不考慮描繪虛構事物的圖畫）。因此，我們若堅持認為，一幅圖畫圖示其所圖示者這一點是其內在性質，我們就必須解釋如何能不依賴於拿破崙曾經存在而圖示他。因此，我們用前述的方法，把關於拿

破崙的圖畫（命題）分解成更簡單的圖畫（命題），而這些
更簡單的圖畫表現的簡單成分，是我們可以先天地保證其存
在的。而既然這樣保證了存在這些簡單成分，我們就無需指
向圖畫本身之外才能知道它是否圖示了什麼。

對象之爲簡單的

　　既然維根斯坦以簡單性來刻畫對象，讀者最初有可能會
以爲對象是極微小之物，類似古希臘哲學的原子或者牛頓的
微元。但其實維根斯坦的刻畫會使我們對於對象產生錯誤的
理解。後文 3.24 處，維根斯坦會直接論證對象的簡單性。
不過在當前語境中，維根斯坦是從對象「構成世界的實體」
——可以簡稱爲對象「必然存在」——來推出其簡單性的。
抓住這條線索，才能正確理解這裡所說的「簡單」。對象之
爲簡單，在於對象不是複合體，亦即不是上述「複合體理
論」中說的那種複合體：假如對象成了複合體，其存在就會
是偶然的，也就需要按我們考察的這段論證所述的方法來分
析。

對象的「必然」存在

　　雖然我們很自然會把維根斯坦的對象當成「必然存在」
的，但如此表述也會歪曲維根斯坦的本意。倒不如說，對象
無可置疑地存在，意思是說，我們無法把對象是否存在的問
題看作有意義的問題。我們之前已有的設想是：存在這樣一
組對象，一組構成了語言（即「勾畫出世界的圖畫」）所必
需的前提條件的對象。既然這是語言所必需的前提條件，那

麼，想像一個極為不同於現實世界的世界，就不是去想像沒
有這些對象的世界（2.022），而是去想像正是這些對象在
其中以有別於實在的方式重新組合的世界。而且，既然這些
對象是語言所必需的前提條件，我們就不能在語言之內詢問
對象是否存在。在此，我們第一次看到整部《邏輯哲學論》
的核心思想有所透露：我們不能詢問那些對象是否存在，也
不能說那些對象（必然地）存在，而把我們引向對象必然存
在這一說法的，其實是某種由我們語言的工作方式顯示出來
的東西。

事態之為對象的直接結合

　2.03 在事態中，對象有如一條鍊子的諸環節那樣互相勾
　　連。

儘管本段是維根斯坦事態觀念的關鍵，但我還是打算一筆帶
過。他的這個論點，倘若不藉助舉例而採取非隱喻的用詞，
則很難表述清楚。不過大致的想法是，對象的結合是直接
的，並不需要任何連接紐帶。這意味著，單單指定哪些對象
相互結合就足以指定一個事態，不必額外說明所指定的對象
形成怎樣的關聯：我們之後會看一個上述之點有可能具體體
現成什麼的例子，那時候其要點或許會清楚一些。

對象之為世界的形式

　在 2.023 這段，維根斯坦把對象說成是構成世界的「固
定形式」。我們若以為維根斯坦談論的是物質粒子一類的對

象，那麼「固定形式」這個說法聽起來當然會很怪異。不過，考慮第 1 節介紹過的一點，即諸事態分布於邏輯空間的不同點位，我們就能明白「固定形式」這種說法是什麼意思了。維根斯坦本人坦承，他不知道對象實際上有何種個例，然而，在他作為可能性而反覆舉出的例子裡，有一類是「視覺空間中的一點」這樣的空間實體 [14]。再考慮《筆記》中這類段落：

> 我們可以把座標值a_p, b_p看成一個命題，它陳述的是質點 P處於位置（a, b）上。要讓我們能做出一個斷言，a與b必須實際上界定一個位置。要讓我們能做出一個斷言，邏輯座標也必須實際上界定一個邏輯位置！[15]

我們可以遵循這些提示來構建一個示例，以闡明本節一直在考察的這些想法可以怎樣體現出來（當然要強調此處只是示例：邏輯空間的實際結構也許與這大為不同——幾乎無疑會遠遠比這麼一個簡單模型所提示的更為複雜）。假設我們生活在遍布牛頓式物質粒子的歐氏三度空間裡，因此只要說明何處有、何處沒有物質粒子，就可以完整、確切地說明這個世界。接下來，我們可以把任一事態視作一個處於特定時空位置的牛頓式質點的存在：質點的位置可以用笛卡兒座標——（x, y, z, t）來指定。然後，如果把《邏輯哲學論》的

14　見 Lee, *Wittgenstein's Lectures*, p. 120.

15　Wittgenstein, *Notebooks*, pp. 20-21.

對象理解為各個空間平面和各個瞬時點，那麼一個事態就可以理解為三個平面在某時刻相交於一個質點。該模型中，對象的「必然性」在於，假如沒有什麼特定的空間平面，我們就無從想像空間本身的存在該如何體現。每一事態都可以當作對象的一種結合。事態將在邏輯上彼此獨立，而只要說明究竟有哪些事態存在，即可完整地說明世界。

　　當然，邏輯空間的實際結構，會比這一簡單模型所能想見的要複雜得多，不過我願說，想要滿足維根斯坦在本節中論證的所有要求，所需的也不過是該模型的一種大為複雜的版本而已。

圖畫

　　2.1我們為自己繪製事實的圖畫。

從 2.1 起，我們就進入了本節後半部分，維根斯坦在這部分引入了圖示概念。我們對這部分的講解會比前半部分簡略些，畢竟這裡引入的主題會在後文當中有更細緻的探討。圖示觀念對此後的一切都至關重要，它會成為後面論思想和論命題這兩節的主導觀念，而這正是由於維根斯坦所要論證的根本主張，就是思想與命題乃實在的圖畫。本節當中，維根斯坦只是概述了涉及圖畫的某些對下文較為重要的關鍵論點。

圖畫之為模型

　　2.12 這段把圖畫解釋為模型。維根斯坦這裡採用的模

型概念很簡單：如果要爲某一組對象的安排方式建模，我們
就用另一組對象替代第 1 組，讓第 1 組的每個對象都在第 2
組裡有一個對象與之對應。我們把第 2 組對象安排成某種樣
子，用它來表現第 1 組對象安排成了對應的樣子（2.15）**[16]**。
我們可以把這看成某一情形在另一媒介裡的再現。我們不難
看出這種建模概念可以如何用在事態的情況，而這一簡單情
況，我們在本節開頭處已經思考過。在事態中，某組對象以
某種方式結合起來，我們於是不難有另一組對象以相應的方
式結合起來。然而，維根斯坦在此處和另一處（4.01）提出
的觀點，是更爲澈底、初看也更難解的主張，即一切圖畫在
此意義上都是模型，這包括了肖像畫，最終也包括我們平常
說話用到的命題——這些命題一經分析，說到底也是模型。
有些評論者曾欲將「命題圖畫論」的適用範圍限制在表現事
態的命題（維根斯坦將把這些命題稱爲「基本命題」）這一
簡單情況，於是嚴格來說，維根斯坦不該說一切圖畫與命題
都是模型，而應該只說基本命題是這樣的模型，並且說我們
可以利用眞值函數（見下文命題 5）把這樣的基本圖畫搭建
成更複雜的命題與圖畫。但那明顯不是維根斯坦的本意：無

16　這方面，維根斯坦在 4.04 提到 H. 赫茲（H. Hertz）的《力學原
　　理（用新形式表述）》（*Die Prinzipien der Mechanik in neuem
　　Zusammenhange dargestellt*; ed. Philipp Lenard; J. A. Bath: Leipzig,
　　1894），這說明模型在物理學和工程學領域中的運用，會是促使
　　維根斯坦把命題設想爲圖畫的一個主要因素。赫茲提出，科學理
　　論可以視爲其所談論的物理實在的模型：《邏輯哲學論》的「圖畫
　　論」，可看成把這一思想推廣到了整個語言。

論何時，他有關模型與圖畫的論斷都是在完全一般的層面提出的。因此，我們需要思考的問題是：「維根斯坦何以認為他視圖畫為模型的觀念，竟然也適用於很複雜的圖畫和命題呢？」這是我們讀第 4 節的 4.0312 及以下各段時會細究的問題。

圖畫之為事實

2.141 引入了維根斯坦圖畫觀念的又一個關鍵要素：把圖畫視為事實。起初，我們很自然會把一幅圖畫視為複合物——例如：視為一幅塗有一攤油畫顏料的矩形畫布。可是我們一面把圖畫當作複合物來考慮，一面也能明顯區分出該物的哪些特徵有表現意義，哪些特徵沒有表現意義。依此，繪製圖畫用的是油畫顏料這一事實，在實在中沒有什麼對應之點，但顏料斑塊的各種色彩，完全可以表現出所表現情形中的物體有相應的色彩。同理，顏料斑塊的空間分布，可以表現出圖畫所表現的物體有相應的空間安排。維根斯坦並沒有把圖畫等同於複合的物理對象，而是把圖畫等同於具有表現意義的全部事實總和：圖畫中的各元素以特定方式關聯起來的事實，表現了諸對象以相應方式關聯起來的情形（2.15）。

對此我們可以這樣認為：維根斯坦是在把圖畫看成某一情形在另一媒介中的再現。不妨考慮一種最簡單的建模：比如說，用乒乓球代表氫原子和氧原子，以表現一個水分子。這時，我們可以用線把兩個粉乒乓球跟一個藍乒乓球串在一起。那麼，我們所表現的情形中並沒有什麼粉色和藍色的

東西，但這些球的特定排布再現了諸原子的相應排布。下節
3.14 處，我們還會再討論「圖畫即事實」的思想。

圖畫之與圖畫所描繪者共有某種東西

　　統領《邏輯哲學論》的一個主題是如下思想：圖畫無論
是正確還是錯誤地描繪一個情形，只要它進行描繪，都必須
與它所描繪的情形共有某種東西。該主題還引入了本書另一
關鍵思想：圖畫並不描繪那種它與它所描繪的情形必須共有
的東西，而是顯示這種東西（2.172），而可顯示的東西是
不可說的。4.121 會深入討論這點，而當前上下文中，我將
只對其基本思想做一示例。

　　假設我們想表現一組對象形成的空間關係──比如說一
名士兵想要說明戰鬥中各個部隊的相對位置關係，於是在桌
布上擺放各種調味罐。他用鹽罐代表敵方炮兵，用胡椒罐代
表己方坦克，諸如此類。那麼這一表現手段，就是靠著把桌
布上各種罐子擺放成特定的空間關係，來表現敵我部隊形成
的特定空間關係。擺放罐子的士兵既可能正確表現了各部隊
的空間關係，也可能沒有。但有件事是他但凡想表現這場戰
鬥就必須做到的：他必須要把各種調味罐按一個空間關係來
擺放。他是用一個空間關係表現另一個空間關係，即使他對
敵我部隊的空間關係表現得不正確也不改變這一點。他所做
的表現並不說出戰場上各個部隊有空間上的關係，它眞正說
的是這些部隊形成了怎樣的空間關係。這些部隊之有空間上
的關係，已經由表現方式本身預設了：除非你明白這是在用
空間關係表現空間關係，否則你就根本沒能把這種表現作爲

表現來理解。戰場上的部隊之間具有空間關係這一點本身，是表現方式顯示出但並不說出的。

　　當然，我們採取的表現技法有可能相當地出於人造（artificial），例如：我們不是用空間關係來表現空間關係，而是用元素間的另一種關係來表現空間關係。我們可以用圖表裡的一根線來表現一個公司的盈虧，用圓形圖來表現有百分之多少的人把票投給某個黨派，而維根斯坦本人也會把樂譜或是留聲機唱片上的紋路說成是交響樂的圖畫（4.01）。表現技法愈是出於人造，那麼說圖畫與其所描繪者還有某種共同點，其意味就愈淡薄：留聲機唱片與交響樂之間，看不出有何共同之處。但無論怎樣淡薄，維根斯坦的主張真正在於，圖畫與圖畫所描繪者必須共用某種最起碼的邏輯形式：二者必須有同樣的「邏輯複多性」。這一主張，我們到第 4 節的 4.04 還會再談。

表現與描繪

　　現在要講的是一個術語上的要點，不過也牽涉一些重要的實質問題。維根斯坦區分了兩個不同的概念，分別以「Abbildung」和「Darstellung」來標識。雖然這兩個詞在一般德語中均可譯為「表現」，但在維根斯坦的用法中卻需要區分。現有兩種英譯本都把「Abbildung」譯為「depiction」（描繪），把「Darstellung」譯為「representation」（表現），我也遵循這種譯法 [17]。為了突出這個區分，我們可以

---

[17] 對採用奧格登譯本的讀者，我想提醒說，雖然這是主要的譯

留意到，維根斯坦總把這兩個詞用在不同對象上：一幅圖畫描繪的是實在，表現的則是一個情形。不妨舉例說明這個不同。假設有一幅圖畫，從中可見蘇格拉底刮乾淨了鬍鬚，而現實中，蘇格拉底既可能刮乾淨了鬍鬚，也可能沒有（可以假設他其實是蓄鬚的）。這樣一幅圖畫表現了蘇格拉底刮乾淨鬍鬚的情形，描繪的則是我們要拿圖畫去比較的實在：蘇格拉底的實際狀態，即他蓄鬚的狀態。圖畫表現的東西內在於圖畫，可以逕自從圖畫中讀出。圖畫所描繪的，則是我們要拿圖畫去比較的世界上的某種東西。正因為我們既能夠把圖畫當成對一個情形的表現，又能夠把它當成對實在的描繪，圖畫才有可能歪曲實在（misrepresent）（2.21），比如說，我們設想的那幅圖畫表現出蘇格拉底處在有別於實際狀態的另一種狀態，以此歪曲了蘇格拉底。

　　圖畫既能看作表現又能看作描繪的重要之處，在於初步提示出視命題為圖畫的觀點如何有助於解釋命題的最基本特徵，即命題之有真假可言。命題所表現的東西，如果與所描繪的東西一致，命題就為真；如果不一致，命題就為假。

法，但該譯本並沒有一貫堅持，有時也把「Abbildung」譯成「representation」（表現）。若不對照德文原著，偶爾會產生誤導。

✎**討論話題**

我對2.02～2.0212做出的解讀並不是標準版本。遠比我的解讀常見的是另一種解讀，即認為維根斯坦這個觀點假定一種強二值性：對一個命題而言，僅當不可能指定任何一個該命題在其中既非真亦非假的可能世界時，該命題才有意義。那麼你覺得我這種解讀的說服力如何？你會偏向於哪種解讀？

我在評論2.023時提出了一個模型，讀者可以用本節裡維根斯坦提出的各種說法來檢驗它，看看這些說法能否在該模型中得到滿足。這樣的模型對於弄懂這些說法的意思能起多少輔助作用呢？

第 3 節 「事實的邏輯圖畫是思想」

「事實的邏輯圖畫是思想」圖畫與命題記號之為事實。簡單體與複合體。意義的確定性。「語境原則」；運算式之為命題變元；記號與符號。

圖示觀念以及「命題之為圖畫」的觀念，對維根斯坦的思想有兩個不同方面的重要性。我們在本節關注的前一方面在於維根斯坦將提出，對思想這項活動涉及什麼的分析，要求我們把命題視為圖畫。後一方面則是下節前幾段的主題，即維根斯坦在其中所提出的如下主張：只有當命題是圖畫，我們才能明白命題何以有真假可言。這兩方面雖然在維根斯坦的頭腦裡密合無間，但仍是兩個獨立的論證，仔細區分兩

者也很有必要。而假如我如下的見解無誤,則更是如此:我認爲,眼下這種視命題爲圖畫的觀念,至少就維根斯坦的闡發角度而言,是與某種心智哲學問題上的特定思維方式難解難分的,而這種思維方式在《哲學研究》中不斷受到批判。對這種批判的考察則遠超出本書的論述範圍。不過,這種批判確實毫不傷及下一節對命題之爲圖畫的論證。維根斯坦在下一節會提出,僅當我們把命題視爲圖畫,我們才能夠解釋命題何以是可眞可假的。而即便對本節中可見的那種心智現象觀念提出抨擊,這樣的抨擊也影響不到下一節的論證。

　　本節的基本思想很簡單,這就是:我必定知道我在想什麼,因此,如果我正想到某個特定情形,那麼在我心中,必定有某種東西本質上與該情形相連。該情形本身顯然不處於我心中,因此,我心中必定要有某種替代品能用來重建實際的情形。而適合充當這種替代品的,唯有該情形的模型或圖畫。此外,那個替代品還必須內在地(internally)關聯於所想到的情形,這樣一來,我心中一旦出現了那個替代品,就可以先天地確保我想到的就是那個情形[18]。而假如我心中的東西與那個情形只有某種外在關聯,例如:只有一種因果關聯,那麼我心中的東西就不能保證我在想的是什麼了。這就是維根斯坦在 2.1511 說到圖畫「直接觸及實在」時的眞正想法。假如圖畫不能「直接觸及實在」,我就會完全無法思及實在,說我想到了拿破崙也就永遠都是錯的,而正確的說法只能是,我的某個想法事實上跟拿破崙有某種因果連繫。

---

[18]　有關這一點,可對比 *Philosophical Remarks*, section III。

　　而這又指向了另一點，即我之前說對 2.02～2.0212 的論證很關鍵的一點。不但一幅圖畫必須在本質上與它圖示的情形相連繫，而且，它是一幅圖畫，它圖示的是那一情形，這些也必須是圖畫的內在性質：圖畫本身必須包含其所表現的情形的可能性（2.203）。正是這進一步的要求，支撐了第 2 節裡如我解讀的對簡單對象的論證。假如思想這回事就在於持信一幅所想到的情形的圖畫，同時假如上述要求又沒有滿足，那麼我就無法肯定我是不是在思想，也無法肯定我在想的是什麼了。處於維根斯坦整段討論背後的想法就是，我必定能夠知道我的意思是什麼以及我在想什麼。

　　也請留意，維根斯坦在命題 3 中，不止於說思想涉及對圖畫的使用，而是實際上把思想等同於圖畫。如果圖畫以適當方式出現在我心中，那麼我憑這一點本身，就是在想圖畫所表現的情形是屬實的了。此處，思想這種活動，並不是被視為先形成一幅表現 p 的圖畫，接下來再對自己說「實情正如圖畫所示」。相反，只要以適當方式形成圖畫，就已經是認為 p 了（否則就會陷於沒有必要的無窮回溯）。

命題記號之為事實

　　維根斯坦在 3.14 中，把 2.141 的主張應用在命題記號這一特定情況上。正如一切圖畫，命題記號也不應視為複合物，而應視為事實。有兩段值得特別注意，這就是 3.141～3.142 和 3.1432。

　　3.141～3.142 的論述雖然極為簡略，維根斯坦卻在此強調了把命題視為事實的一條最重要的理由：如此看待命題，

可以巧妙地解決一個困擾過弗雷格的問題。無論怎樣對命題予以說明，這種說明都必須調和我們就命題所持的兩個相對立的想法：一個想法是，命題本質上是複合的；另一個想法是，同樣從本質上說，命題中的詞語應能結合起來，表達一個單一的思想。而什麼才構成命題的統一性呢？命題記號如何有別於詞語清單呢？畢竟，我在把「約翰」、「愛」、「瑪麗」這些詞語當成一份清單依次寫出時，我所做的事情，與我寫下「約翰愛瑪麗」這個命題記號時是一模一樣的。這兩種情況下，我都製造出一個以「約翰」、「愛」、「瑪麗」為其組成部分的複合物，但在後一種情況下，我寫下的詞語卻表達了一個單一的思想。在維根斯坦看來，想解答這個問題，只需要你不把命題記號視為的確由我所造出的複合物，而是把命題記號視為「約翰」、「愛」、「瑪麗」這幾個詞以一定次序排列的事實。把命題記號作為命題記號來領會，恰恰就在於認出這件事實。

　　下面 3.143 和 3.1431 這兩段，很難說有多大幫助。實際上，儘管我們能看出是什麼把維根斯坦引向了他這兩段裡的說法，但其中的思想是不高明的。沒有哪種表達模式，能把看待命題記號的複合物視角與事實視角之間潛在的混淆消除掉。即便我們是用一件件家具來構成命題記號，也無法保證別人就不會把那些家具組成的複合物當成是命題記號。

　　命題 3.1412 是在具體解說怎樣才算是把命題記號視作事實。考慮「約翰愛瑪麗」這個命題記號的時候，我們不要說，「約翰愛瑪麗」這個被視作複合物的語句，說的是約翰與瑪麗處於相愛的關係中；相反，我們應該說，「約翰」、

「瑪麗」這兩個名字位於「愛」這個字兩側這一事實，說的是約翰愛瑪麗這一事實。

這樣一來，我們但凡有一個命題，就有了為某一情形建模的一件事實，也就是有了某一情形在另一媒介中的再造。這一點可以藉助員警重建犯罪現場的類比來理解。比如說在一次重建當中，女警官替代被害者，男警官替代罪犯。而從兩人擺出的姿勢可以看出罪案據推測是怎樣發生的。用同樣的道理來說明命題記號，那麼「約翰」就替代約翰這個人，「瑪麗」就替代瑪麗這個人，而我們把這兩個名字排列成的那種關係，就表明了我們想說約翰與瑪麗有怎樣的關係。

對命題的這番說明，實質上強調了名稱在語言中的角色，也解釋了名稱理應起什麼作用。名稱是命題記號裡用來替代對象的元素，所以維根斯坦甚至會說「名稱意謂對象」（3.203），並因此在 3.2s 各段開始討論名稱的本性。

維根斯坦就名稱提出的主要論點是：名稱是簡單記號（3.202）。而他真正的意思是，名稱本質上是簡單的。一個記號可能寫起來很簡單，其實卻是一個複合詞組的縮寫。然而，名稱不能視為任何更複合的東西的縮寫（3.26）。說某個名稱是簡單的，這意味著只要你說該名稱在命題裡替代一個對象，並且說該名稱的意義不外乎替代它所替代的對象，就完整地刻畫出了它的意謂以及它在語言裡的角色。

這會引向一個問題：「這樣說來，什麼才是語言中真正的名稱呢？」我們在 2.0201 已經看到，維根斯坦沒有想當然地以為，我們用來稱呼複合物的日常名稱果真能按他的標準充當名稱。相反，日常名稱通常是更為複合的詞組的縮

寫。接下來維根斯坦將要論證一點：眞正簡單的記號——語言中的名稱——只有一種，這就是自身簡單的對象的名稱。

　　維根斯坦在 3.23 提出，要想滿足「對意義的確定性的要求」，需要有簡單記號。他在 3.24 論證了這一點，其中關鍵的是第 3 段：

> 某一命題元素之指示一個複合體，這一點可以從這一命題元素在其中出現的命題所具有的某種不確定性上看出來。這樣一個命題，我們知道它尚未把一切都規定好（實際上，量化記法已經包含一個原型）。

這段話對於理解如下兩點至關重要：一是維根斯坦對如何分析命題的認識，二是他提出的必須有簡單對象的主張。既然這段話如此重要，加之表述又極爲簡略，下面我就多花些篇幅講一講。初看上去，這段話裡有些東西看似呼應了 2.02～2.0211 對簡單對象的論證。3.24 開頭的一句尤其像是在重述 2.0201。但實際上，兩段話所包含的論證不但相當有別，還存在著深層的潛在衝突。

　　首先，這兩段論證的前提完全不同。上節那段話引以爲論證起點的，首先是某種對圖畫的特定理解，連同另一點，即如此理解的圖畫必定可能存在。本節這一段，則並不從任何方面依賴於對圖畫的那種理解，甚至不依賴命題即圖畫的觀點。相反，本節的論證引入了一個前文討論中從未出現過的新觀點：「意義必須是確定的」。然而這兩段論證不僅前提不同，連結論也不同。兩者雖然都主張，凡提及複合體的

命題均可分析爲一組談論簡單對象的命題，然而果眞按這兩種思路把一個提及複合體的命題分析到底，會得出兩份大爲不同的分析結果。其實，瀏覽一下《筆記》中的背景討論就能發現，2.02～2.0211 與 3.23～3.24 出自維根斯坦思想的兩個不同的階段，而且要想調和這兩段的思想，就需要改動前一段的思想來照顧後一段的觀點，而後一段的觀點就是我們下面要剖析的。此處的原著文本極爲簡略，所以我們幾乎無可避免要查閱《筆記》，而且剖析 3.23～3.24 論證的良策之一，就是去追蹤維根斯坦《筆記》所體現的思想發展進程 [19]。

但我們得先判明維根斯坦此處所說的「確定的」（bestimmt）的意思，然後在此基礎上弄懂爲什麼該有「對意義的確定性的要求」。「不確定」一詞有兩種截然不同的解讀：它既可以理解爲「模糊」，也可以理解爲「不確切」。兩種解讀的差別，可以解說如下：如果一個命題是眞是假的問題無法明確回答，我們就說它「模糊」；而如果一個命題有很多種成眞的方式，我們就說它「不確切」。不妨以如下例句說明：

舒伯特的某些後期作品是早期浪漫主義的典型代表。

上述命題可以看作既模糊又不確切。模糊之處在於，沒有清

---

[19]《筆記》中尤其與此相關的條目，是從 1915 年 6 月 14 日到 1915 年 6 月 22 日諸條，位於第 59-71 頁。

晰的標準來判定什麼是、什麼不是浪漫主義，因而無法爲命題賦予明確的眞值；不確切之處在於，這個命題沒有指定所涉及的是舒伯特的哪些作品。把這個例子改動一下，就能看出兩個概念的區別。比如我們說：

> 舒伯特的《冬之旅》是早期浪漫主義的典型代表。

這個命題就比前一個更確切，但還是同樣地模糊。

　　《筆記》的條目中，既有一些論述關注對模糊的語言做出說明的問題，也有一些論述關注對不確切的語言做出說明的問題。有不少論述可能是同等地關注這兩個問題。甚至維根斯坦也可能沒有在頭腦中把這兩個概念分清楚。但是，一旦我們考慮《筆記》中緊鄰 3.24 的上下文 [20]，我們就能明顯地看出，解讀 3.24 本身時應該把「Unbestimmtheit」理解爲「不確切性」而不是「模糊性」。若把「Unbestimmtheit」理解爲模糊性，我們無論如何是看不出 3.24 的論證該怎樣展開說明的。

　　既然對確定性的含義有了這樣的理解，那麼「對意義的確定性的要求」又是從哪裡施加的呢？對這個問題，最清晰的回答之一可見於《筆記》中的如下段落：

> 我們雖不可能把**命題**分析到具名列出其元素的地步，但這並不有悖於我們的感受；我們真正的感受是**世界**必然

---

20 Wittgenstein, *Notebooks*, p. 69.

要由各種元素構成。這一點看來又等同於如下命題，即世界必然是其所是，世界必然是確定的。換言之，搖擺不定的是我們的規定，而不是世界。假如否認這點，則看起來就等於是在說，在類似於我們的知識是不確實（uncertain）、不確定（indeterminate）的那種意義上，世界彷彿也可說是不確定的。

世界是有個固定結構的。[21]

我們把「確定性」的意思理解為「確切性」，那麼這段話的大意是，確切性的缺失是我們語言的特徵，而不是世界的特徵。我們口中說出的命題有些比較確切，有些不太確切，但是，如果我們說世界上那些實際使命題成真或成假的情形是不太確切的，那我們就是胡說了。所以如果我說「湯姆欠了些錢」，那麼這句話從各方面看都不確切，像維根斯坦在《筆記》中反覆說的那樣，它「尚未決定各種可能性」，但這句話一旦為真，總會是憑某一絕對確切的情形而成真。於是該命題沒有說出湯姆欠了誰的錢、欠了多少錢之類，但該命題不能在沒有那麼一位湯姆欠了錢的有名有姓的人的情況下，就憑湯姆—欠—某人—錢這一點成真。那麼，不確切命題的意義就應能指定這樣一系列的確切情形，其中任何一個實存，都會使命題成真。此外，凡是理解這個命題的人，都能把那些確切情形中的任何一個，當作能使所說命題成真的

---

[21] Wittgenstein, *Notebooks*, p. 62.

情形予以承認，而且如維根斯坦所言 [22]，這是「預先決定好的」。如果某個特定情形使我所說的命題成眞，那麼該命題就必須有某種特點，可使命題具備的意義能夠在那一情形的實際出現之前把那一情形指定爲會使該命題成眞的情形。

由此可見，給出一個命題，我們必定可以用某種辦法來具體解說該命題的意義，以表明是哪些確切情形使命題成眞──這實際上就是要把該命題表示爲一個很長的析取式，其各析取只是一個個完全確切的斷言，每個斷言都指定了一出現就會使命題成眞的一個確切情形。接下來，爲了方便讀者理解維根斯坦的論證，我要提前引入「基本命題」的概念，維根斯坦本人則到 4.21 才將其引入。所謂一個基本命題，我們可以認爲就是一個沒有邏輯複合性的，只表現一個事態的命題。這樣一個命題以我們能想像到的最簡單的方式爲一個事態建立了模型，這就是用諸名稱的一種排列來爲諸對象在事態中的相應安排建立模型。爲了表明「意義」如何是「確定的」──換言之，我們平常提出的那些不確切的說法，如何總是憑世界上實際發生之事的完全確切的具體細節而爲眞或爲假──這時候，我們就這樣來表示出該命題的意義：我們表明，諸基本命題的眞與假的何種組合使該命題爲眞，何種組合使該命題爲假。對一個命題予以如此展現的表示方式，我們把它叫作對該命題的「充分分析」，因爲它詳細表明了該命題如何憑世界的具體細節而爲眞或爲假，表明了該命題如何「直接觸及實在」（2.1511）。這樣一種充分

22　Wittgenstein, *Notebooks*, p. 64.

分析，會讓該命題與一旦實存就會使該命題成真的確切情形之間的內在關聯一目了然。

這樣，語言中「真正」的名稱就是能出現在基本命題裡的名稱（4.23）。於是要處理的問題就是：「複合物的名稱能算作這種名稱嗎？」或者說「複合物的名稱能出現在基本命題裡嗎？」從《筆記》中可見，維根斯坦為此絞盡腦汁，在 3 種互相衝突的立場之間猶豫不決。(1) 第 1 種立場是，我們平常既然叫著周圍的人、動物以及其他複合物的名字，那就不妨直接把這種做法當真。畢竟，我們確實不加考慮、自然而然地叫著這些事物的名字，看來也沒在這上面碰到什麼困難。(2) 關於複合物的命題，應按照我們解讀 2.02～2.0211 時考察過的思路，分析為關於複合體之成分的命題。(3) 第 2 種立場是 3.24 的論證所涉及的，可以視為對第 2 種立場的駁斥。

在《筆記》裡，維根斯坦探究了諸如「手錶在桌子上」的命題，以及是否可能把這種命題分解為關於手錶的諸成分的命題。為討論之故，維根斯坦把這些成分設想為那些玻璃和金屬的小塊——各類錶帶、彈簧、齒輪等。起初，他按2.021 提示的思路進行分析。那麼一個關於手錶的命題，就等價於談怎樣排列那些小塊才能形成這隻手錶的命題，連同關於那些小塊的進一步的命題，即等於是說所形成的手錶確實在桌子上的命題。這條探究思路引向了一個明顯誇張的說法：

如果我說這隻錶閃閃發亮，而我用「這隻錶」所指之物

> 的構成又在一極細微的特定方面發生變動，那麼這就不
> 僅意味著上述句子的意義有內容上的變動，也意味著我
> 就這隻錶所說的東西都馬上改變了意義。命題的整個形
> 式都改變了。[23]

這固然誇張，但想法是清楚的：若要把某個談論一隻手錶的
命題分析為談論其成分的命題，那麼只要這隻錶缺了一個成
分，比如缺了一個不會明顯影響其平穩運行的小齒輪，那麼
分析後的命題裡就不得不刪去整個一系列的子命題，即那些
提及這個齒輪的子命題，而刪去之後，產生的是一個具有完
全不同的邏輯形式的命題。而構成 3.24 的論證的，正是維
根斯坦對這條思路的答覆：

> 比如我說，這隻錶不在抽屜裡，那麼完全不必從這句話
> **邏輯地推出**手錶裡的一個齒輪不在抽屜裡，因而，我本
> 來以「這隻錶」一詞所意指的，也絕不是那個齒輪出現
> 於其中的複合體。[24]

如果有人就一隻手錶說了點什麼，這人對手錶的實際組成的
了解會很有限，一般來講是極為有限的。這就意味著，不可
能依照手錶的實際組成來分析他說話的意思。但他會知道，
某一套玻璃片、齒輪等零件以某種方式組裝在一起，可以製

23　Wittgenstein, Notebooks, p. 61.

24　Wittgenstein, *Notebooks*, p. 64.

作出那隻手錶，於是這就把一種很高的不確定性（即不確切性）引入了對他的意思的分析當中：

> 因為假如我討論一隻手錶，而我既意指某種複合的東西，但我意指的東西又不依賴於合成手錶的方式，那麼在我所說的命題中就要出現一個概括。[25]

這意味著，我們經過分析發現，我們平常說出的包含日常複合物名稱的命題原來是非常不確切的，比如我們就一隻手錶提出的說法，一般都會相容於手錶的很多種組裝方式，那麼要想具體說明使我們所說的話成真的東西，我們就需要採取一些概括手段[26]。

　　這樣一來，如果一方面基本命題是完全確切的，另一方面，如果包含複合物的名稱的命題，經考察可知是非常不確切的，那麼基本命題中就不能包含複合體的名稱。但是如果基本命題是由名稱組成的，那麼這些名稱只能是簡單對象的名稱。所以，要想讓基本命題有可能存在，必須存在簡單對象。

25　同上。
26　值得注意的是，在 3.24 所出自的《筆記》條目中，下面這句話之後，即「某一命題元素之指示一個複合體，這點可見於該命題元素在其中出現的命題所具有的一種不確定性」這句話之後，維根斯坦還寫道：「這來源於此類命題的概括性」。這句補充無疑有助於澄清他的意思，而似乎有悖於情理的是，他在《邏輯哲學論》中，竟把這句補充從已然高度濃縮的整段話里刪去了。

　　有一個辦法或許有助於我們弄懂這個論證，這就是把上述情況與下面這種情況作個比較，因爲討論下面這種情況的時候，很少有人會忍不住把裡面的記號當作名稱。請看「通貨膨脹」這個詞。拿「上個月通貨膨脹加劇了」這個命題來看，說命題中的「通貨膨脹」命名一個對象，然後說這個對象具有在上個月加劇這一屬性，聽起來都不太像話。果眞要對人解說這個命題的意義，我們反而會討論那些發生在相關時段的具體的財務交易，討論這些交易連成的龐大網路——其中包括史密斯太太買了一間房子，瓊斯先生買了一個麵包之類的事情——還會討論這些交易必須要怎樣才會使「上個月通貨膨脹加劇了」這個命題成眞。「上個月通貨膨脹加劇了」這個命題，不可能無所連帶地（barely）爲眞而又無須存在一系列確切的財務交易，無須有某些情況就這些財務交易而言是屬實的。任何理解該命題的人，一旦掌握了實際發生的買賣的所有詳情，他原則上就能弄清楚這個命題是否爲眞。因此，我們原則上就能把「上個月通貨膨脹加劇了」這個命題，分解爲談論那些實際發生的財務交易的一個極爲複雜的陳述。

　　但是，「上個月通貨膨脹加劇了」這個說法，雖然只能憑實際發生的某一種財務交易而成眞，可這話並不告訴你實際發生了哪些財務交易，反倒與各項財務交易如何發生的許多種可能組合情況都相容。而如果這時候我們想把該命題的意義具體折算成這類財務交易來說明，就得把該命題表示成一個龐大的、以各種可能性爲其分支的析取式。如此說來，這個命題會是極不確切的，卻又總是會憑確切的買賣行爲而

成眞或成假。從而，我們使用包含「通貨膨脹」這個詞的命題，就永遠也達不到完全的確切性，而要想知道這樣一個命題確切來說相當於什麼，就總是要把它分解爲一些談論世界上實際發生的財務交易的命題。這一點有力地支持了我們的一個直覺：把「通貨膨脹」一詞看作名稱，乃是錯誤的思路。於是我們可以把 3.24 的論證看作要表明，我們用來稱呼複合物的日常名稱與「通貨膨脹」一詞實屬同樣的情況。

初始記號與被定義的記號

接下來，維根斯坦對比了初始記號與被定義的記號（3.26～3.261），其中以名稱作爲初始記號的典範情況。所謂被定義的記號，就是其意謂可以用其他記號來解說的記號，而初始記號則是那些解說中用到的記號，但其本身無法再這樣來解說。這引出了如下問題：「我們怎樣判別一個記號是初始的還是被定義的呢？」以及「我們怎樣才能解說一個初始記號的意謂呢？」

3.262……潛藏在記號中的東西，由記號的應用所顯明。

「柏拉圖」這一名稱，與任何通常認爲命名了一個簡單對象的名稱，從表面上看沒什麼兩樣。但我們剛才考察過的論證則表明，「柏拉圖」一詞不同於簡單對象的名稱，而應看作被定義的記號，包含「柏拉圖」一詞的命題也隨之會分解到讓該名稱經分析而消失的地步。那麼憑什麼說，「柏拉圖」

歸根結底是個被定義的記號呢？維根斯坦的回答是，要想看出一個記號起什麼作用，必須觀察其使用，也就是觀察該記號的應用方式——在包含該記號的命題與其他命題之間，會有這樣一些推論性連結，這些連結是任何理解該記號的人都會認為有效的；也會存在這樣一系列情形，這些情形是任何理解了包含該記號的命題的人，都會承認能使那些其他命題成真的。正是這類事實顯示出了一個記號實際上起的作用。而這一點也可以答覆維根斯坦後期哲學常對《邏輯哲學論》提出的一種批評，其所打出的是如下口號：「沒有什麼是隱藏著的。」[27] 詰難的要點是如下想法：維根斯坦在《邏輯哲學論》中的論述意味著日常語言必會有一些非常複雜的分析結果，他藉助這種分析結果從表層向下深挖，以揭示能夠解釋表層現象的隱藏著的結構，而這種做法應看作類似於物理學家假定有亞原子粒子，以解釋在他們的實驗中看到的東西。而維根斯坦在其後期哲學中強調，只要我們還想用語言來交流，那麼無論哪種對於語詞意義來講重要的東西，都必定是在語言的表層顯而易見的。但是我剛才提示的物理學家類比實為誤導。因為在《邏輯哲學論》的作者看來，只要實際上看看人們怎麼使用自己的語言，就看得出他在揭示的種種結構其實是明擺著的。不但如此，維根斯坦的說明如果沒錯，那麼對於這些結構，操那種語言的人就有一種默會的了解，這種了解體現在他們對語言的掌握上，體現在他們在實

---

27 尤其見 L. Wittgenstein, *Philosophical Investigations* (trans. G. E. M. Anscombe; Blackwell: Oxford, 1953), §§92-97.

踐中應用語言的能力上（參見 5.5562）。

　　3.263初始記號的意謂可用示例（Illustrative examples）
　　來解說。示例即包含初始記號的命題。因此，唯有已經
　　知道這些記號的意謂，我們才能理解那些示例的意思。

假如無法用定義——付諸言辭的解說——來解說一個初始記
號的意謂，那該怎麼對人解說這樣一個記號的意謂呢？這
個問題的解答，是從我所認為的 3.263 的正確譯法中給出的
（「示例」是「Erläuterungen」可能有的意思之一，也是最
能使本段易於理解的意思）。假定我們想對人解說一個名稱
的意謂：這時候我們不能單靠指著所命名的對象進行解說，
因為這無法把該名稱的應用方式定下來，無法把該名稱在語
言中的角色定下來。所以我們別無他法，只有去使用它，換
句話說，只能靠造出幾個包含它的句子來闡明其用法。至於
對方悟沒悟出那些句子的意思，我們只能聽天由命了，畢竟
要明白那些句子的意思，只有先掌握名稱的意謂才行。字詞
解釋總有用盡的一刻，這時沒有別的辦法，只能去使用那種
語言，同時盼著對方能悟出來（想想小孩子是怎麼跟父母學
會語言的）。本段強調的是名稱的意謂如何無法脫離它在語
言中的用法，而這一點直接導向維根斯坦對「語境原則」的
引入。

語境原則

　　在 3.3 中，維根斯坦引入了如今稱為「語境原則」的思

想。這一思想是弗雷格在《算術基礎》中首次提出的，他把
這條原則制定爲支配他探究的 3 條基本原則之一，其具體表
述是：

> 永遠不要孤立地尋問一個詞的意謂，而總是在一個命題
> 的語境中去尋問[28]。

這條原則一直有廣泛影響，但也一直被不同作者以種種不同
的方式加以解讀。就維根斯坦而言，這條原則對他一生的思
索都有核心意義，而且他一再提到這條原則，例如：在《哲
學研究》§49 中就以讚許的口氣引用過它。儘管語境原則有
各種解讀，其背後的基本思想還是頗爲明確的。如果我們想
對意義做出說明，那麼我們希望理解的是，到底什麼叫作用
語言有意義地言說或思考一件事。而有意義地言說或思考一
件事，並不是孤立地使用詞語或使用其他小於一句話的運算
式，而總是要使用一整句話（沒錯，有時候我們只講一個詞
就能說點什麼，但這一概是因爲，要麼那個詞是一整句話的
隱諱說法，要麼那個詞類似於「是的」，是當成一整句話來
使用的）。由此可以推出，要對一個詞的意義做出說明，其
基本形式應是解釋這個詞對其中出現這個詞的句子的意義有
何貢獻，也就是說，給出一個詞，我們知道了出現這個詞的
所有句子的意義，那麼就這個詞的意義而論，所有該知道的

---

[28] G. Frege, *The Foundations of Arithmetic*, (1884; trans. J. L. Austin; Blackwell: Oxford, 1959), Introduction, p. x.

東西我們也就都知道了。

（對語境原則，人們有時提出詰難說：即便在句子語境之外，比如在詞典裡，或者用某人名字來喊這個人的時候，我們仍能有意義地使用詞語和名稱。但這類詰難只在字面上觸及語境原則，並不傷及實質，因為我們查詞典想知道的，正是詞語在句子裡的用法，詞典也是為此才給出這個詞在實際言語中的片段，也就是告訴我們這個詞怎樣與其他詞恰當地組合成句；至於我們用名字喊人的情況，只有當我們用來喊人的記號，同樣用在就那個人說點什麼的句子裡，那個記號才是個名稱。）

弗雷格和維根斯坦都不只把語境原則應用到廣義的詞語意義上，還都把它特別地應用到這個問題上：「某一名稱指稱某物，這對該名稱而言意味著什麼？」想確立一個名稱的意謂，光是指著某物說「它叫作『A』」是不夠的，因為就這種做法本身而言，它並沒有解釋怎樣在命題裡使用這個名稱。但是，如果我們知道怎樣在命題裡有所理解地使用這個詞，那麼有關該名稱的意謂和指稱，我們就知道了該知道的一切。這一點把我們引向維根斯坦放在語境原則之後談的話題。

運算式之為命題變元

維根斯坦在 3.31[29] 說，運算式可以表示為變元，其取值範圍是包含了所要表示的運算式的命題。如果一個詞或運

---

[29]　原書作 3.13，現予以更正。——譯者注

算式只在命題語境裡才有意謂，並且如果我們把一個詞的意謂，理解爲這個詞對它出現在其中的命題的意義所做的貢獻，那我們就可以把這個運算式設想成與一個命題系列有連繫，這個命題系列就是該運算式在其中出現的有意義命題的系列。這樣一來，知道這個運算式的意義，也就可以不多不少地歸結爲知道它對那些命題所做的貢獻，還可以進而歸結爲理解那些命題，前提是你還知道那些命題包含的其他運算式的意謂。

如此說來，如果我們有這樣一個運算式「A」，它能夠有意義地出現在「F(A)」、「G(A)」、「H(A)」等命題當中，我們就可以把它表示成變元「Φ(A)」，其值就是那些命題。爲什麼要這樣表示它？有 3 點想法看來值得探討。

第 1 點是，把運算式看作命題變元，無非是一種強調語境原則的做法：既然一個運算式只在命題語境中有其意謂，那麼我們顯明這一點的方式，就是把運算式展現爲命題的潛在成分，這體現在我們給運算式加上了字母 Φ，以此表明，要把它補全才算完成一個有意義的言說行爲，這樣我們就把它刻畫成了一個不完整的記號。弗雷格對比了名稱與謂詞，把這兩者分別作爲完整與不完整的運算式來看，而謂詞之不完整，在於它需要附帶一個變元，以表明如何用一個名稱把它補全成一句話。此處弗雷格對變元的用法與維根斯坦略有不同，因爲在維根斯坦那裡，變元的取值範圍是包含運算式的一切命題，而在弗雷格那裡，變元的取值範圍只包括用名稱補全謂詞所產生的命題。另外，弗雷格之所以把謂詞和關係性運算式看作不完整的，是因爲他在維根斯坦的目的之外

另有一個目的。這就是他想要把「ξ 殺了 η」與「ξ 殺了 ξ」
〔＝殺了自己〕區分開來，而「殺了」這個詞假如不帶變元，
就無法指明它取的是這兩種意思裡的哪一種。而名稱不會產
生這樣的問題，以至於指定了詞語本身就是沒有歧義地指定
了名稱，這樣就又有一條理由認爲名稱有一種謂詞所沒有的
完整性。維根斯坦承認名稱與謂詞有這些差別，但他同時強
調，從一個重要意義上說，名稱像謂詞一樣需要補全——二
者都需要安放在命題當中，而在這個意義上，一切運算式都
是不完整的。

　　第 2 點是，既然某個運算式的邏輯形式是由它與其他運
算式組合成命題的能力所給出的，那麼，把運算式展現爲命
題變元，就能顯示出運算式的邏輯形式。

　　第 3 點要等到 5.4733 才會明確提出，不過我覺得現在
講是最清楚的。這就是維根斯坦的胡說（nonsense）觀念。
假定我們想解釋「7 是紅色的」爲什麼是胡說。我們不應該
說，它是句胡說的原因在於數不是那種能夠有顏色的東西。
我們應該說，我們在把「ξ 是紅色的」這個謂詞引入我們語
言的時候，是把它當成取值範圍不包括「7 是紅色的」這句
話的命題變元引入的。因此，「7 是紅色的」雖然包含「紅
色」這個詞，但「紅色」這個詞在此沒有其熟知的意思，我
們也未能賦予它什麼別的意義。因此，「7 是紅色的」是胡
說的唯一緣故是，其中含有的某些詞語，我們未能爲之賦予
任何意義。

　　至於他在 3.316～3.317 講的內容，我將留到考察 5.501
時再討論，因爲維根斯坦在文本中把這兩段安排於此，其實

是會產生誤導的。之所以會產生誤導，不是因為維根斯坦在 3.314 結尾的說法——每個變元均可視為命題變元——是錯的，而是因為，在目前這個階段，他只引入了一例特殊的命題變元，如此一來就會讓人以為他是在提出一個荒謬的說法：每個變元均可視為那一例特殊的命題變元的實例。他在 3.316～3.317 從完全一般的層面解釋了命題變元概念，但只有到了 5.501，那種完全一般性的命題變元概念才重要起來。

記號與符號

維根斯坦一直以種種方式強調，只有把一個運算式同它在語言中的應用合起來考慮，這個運算式才是它所是的那個運算式。考慮到這點，他接下來引入了「記號」和「符號」的區分。所謂記號，就是運算式可感知的一面（3.32），例如：寫在紙上的字跡。所謂符號，則是把記號同它在語言中的邏輯一句法應用合起來看的記號。

這裡第 1 個要點是，若把記號只當成記號而不當成符號來看，那麼記號在自然語言中常常是有歧義的——同一記號可能是多個符號的記號，而且表面上有同類功能的一些記號，也許實際上各有頗為不同的功能。這兩方面都很容易滋生哲學困惑。所以維根斯坦提倡為語言建立一種邏輯上一覽無餘的記法（3.325），這種記法會用不同的記號來表示不同的符號，而功能不同的記號也沒有易於混同的外觀。

維根斯坦在此提出的第 2 個要點，我們在本書〈主題概述〉一章的開頭已經有所了解：我們若要確立一個記號的邏輯句法，絕不可訴諸記號的意謂，我們對所有規則的表述都

要完全憑藉對運算式的描述（3.33）。若訴諸記號的意謂，就顛倒了解釋的次序：既然只有把記號同它的句法應用合起來考慮時，記號才有它所具有的意謂，那麼我們制定出記號的使用規則以前，根本沒有什麼意謂可供訴諸。

這裡最後一個要點，是要把我們的符號體系（symbolism）所具備的本質特徵和偶然特徵加以對比。我們的符號體系裡顯然有不少任意成分，乃至不同的命題記號有可能用來表達同一個命題。所以，為了穿透我們語言的偶然特徵而直抵本質特徵，我們會去考察具有同樣職能的符號的集合：這些符號的共同之處，會顯示出對我們的語言來講本質性的東西。

邏輯空間中的諸位置

本節最後一部分與前文銜接得似乎不太自然。這一部分總體上討論的是一個命題如何挑出邏輯空間中的一個位置。按最合乎當前上下文的邏輯空間概念來看，邏輯空間中的各個點，乃是世界可能會是的各種樣子；這樣一來，一個命題會切分出邏輯空間的一塊區域，同時這個命題會說，該區域內世界的各種可能樣子之一就是世界實際所是的樣子（不妨拿這個思路與一些更新近的思路作個比較，這些新近的思路把一個命題的意義解說成該命題在其中為真的諸可能世界的集合。兩種解說的差別在於，維根斯坦不是僅僅考慮諸世界的一個集合，他考慮的是每個「可能世界」都位於其中的一個有組織的流形〔manifold〕）。維根斯坦在這裡主要想說，一個命題對一塊區域的如是規定，乃是預設了整個邏輯

空間的存在的。若非如此,我們就無從理解,把一個命題與其他命題結合起來何以會劃定出邏輯空間中的另一個區域。照此說來,命題 p、q、r 各自劃定了邏輯空間的一個區域,命題（$(p \& q) \vee r$）則藉助已劃定的區域再劃定出一個區域（3.42）。

✎**討論話題**

　　本節以及前一節都表明可以把語言分析到非常複雜的地步,那麼這種想法本身究竟是否可信?

　　很多評論者假定,維根斯坦在3.23～3.24說的「不確定性」的意思是「模糊性」,而我已申明,他的意思其實是「不確切性」。到底怎樣理解是對的?又有沒有可能按模糊性來理解他的論證呢?

　　請自己展開說明「語境原則」的主旨和由它帶來的後果。

第 4 節 「思想是有意義的命題」

　　討論命題本性的這一節,從很多方面說都是全書的關鍵。我們所考察的思想有:命題之有真假可言;命題之為圖畫;(「邏輯常元並不替代什麼」);意義與真;命題之為本質上複合的(所謂組合性);維根斯坦與弗雷格關於真的分歧;理解之為知道成真條件;命題之顯示其意義;形式概念;基本命題與非基本命題;命題之為基本命題的真值函數(真值表);重言式;語言的

界限；命題的一般形式這一觀念及對存在這種形式的論
證。

第 4 節可以看作全書至關重要的一節。維根斯坦在本節
討論了命題有何本性以及命題如何與實在相關聯的問題，而
這些問題從一開始就是他探究工作的核心。正是在這一節，
維根斯坦確立了全書的幾個關鍵論點，例如：命題是圖畫，
以及命題有其一般形式。本書餘下的部分，頗可視爲本節思
想的具體廓清。

面對「命題如何與實在相關聯」的問題，維根斯坦強
調，命題與世界的關聯方式同名稱與世界的關聯方式是有根
本區別的。維根斯坦在 1913 年《邏輯筆記》提出的一個想
法，此後會主導他的思考：

> 弗雷格說「命題是名稱」；羅素說「命題對應於複合
> 體」。這兩種說法都是錯的；尤其錯誤的是「命題是複
> 合體的名稱」這一表述。[30]

弗雷格假定命題有其指稱，因此可以把命題看作（複合的）
名稱。接下來他主張，要想在指稱的層面區分各種命題，沒
有什麼能比用眞值區分來得更精細：即是說，所有眞命題都
指稱同一物〔「眞」（the True）〕，所有假命題則指稱另
一物〔「假」（the False）〕。本節背後，維根斯坦一直在

---

[30] Wittgenstein, *Notebooks*, p. 97.

與弗雷格進行著爭鬥，而爭鬥所針對的就是這一點。

在維根斯坦看來，我們絕不可談論命題的「指稱」，因為談論命題的「指稱」就抹殺了命題與名稱的根本區別。命題本質上是有真與假、對與錯可言的，而且，唯憑其有真假可言，命題才能就世界做出有意義的斷言。但要讓命題能夠為真或者為假（4.024），我們只有無須知道命題事實上為真就能理解命題才行。而這說明，命題與名稱起作用的方式截然不同。要確立一個名稱的意義，我們可以把它關聯到世界上存在的某一要素，所以維根斯坦在 3.203 把對象說成是名稱的「意謂」。但是，命題表現它所表現的東西，並不依賴命題為真。所以命題要表現某一情形，就要獨立於那一情形的實際存在去表現它。因此，我們想指定某一命題的意義，就不能像指定名稱的意謂那樣，把它直接關聯到世界之中實際存在的什麼東西上去。

於是本節必須回答的問題就是：「假命題是何以可能的？」，其迫切之處在於：「命題能指定不存在的情形，這是怎麼做到的？」或者說「我們是怎樣不依靠知道命題為真，而從命題中明白那能使之成真的情形的？」我們要探討「命題圖畫論」，就要把這一理論理解為回答了上述這類問題，因為一個命題成功指定一個有可能不存在的情形，本質上正如一幅圖畫既能正確地也能不正確地表現一個情形。

接下來維根斯坦宣稱，思想是有意義的命題，話題由此就從思想轉到了命題。本節討論的開頭處是一段插曲（4.002～4.0031）。這段插曲放在這裡，是為了預先防備有人批評說，下文對語言的描述完全不像是審視我們語言的

現象時能看出來的。這段插曲還涉及下述二者間的一種貌似嚴重的歧異：一邊是維根斯坦認為隱含在我們語言裡的諸種結構，另一邊是查看我們交談中說出的命題時，這些命題顯出的樣子——畢竟這些命題不像是圖畫，也不像是基本命題的真值函數。維根斯坦說「很顯然，『aRb』這個形式的命題，我們一看就覺得它是幅圖畫」（4.012）的時候，你最先想到的很可能是，「很少有人是不愛任何人的」這個命題，並沒有讓我們一看就覺得它是幅圖畫。那麼，維根斯坦主張其存在的那些結構，難道只是嫁接到我們日常語言上的一部異想天開的神話嗎？在此，要想找到維根斯坦立場的真正理據，我們需要回想上一節對 3.262 的探討。維根斯坦所主張的結構，並不見於寫出來的句子裡，而是體現在對語言的應用上，比如體現在我們從我們的命題當中辨認出有效推理的能力上，又比如體現在我們具體地認出某個特定情形能使已說出的話成真的能力上（參見 3.326）。

　　我們既然有這些能力，可見維根斯坦所主張的語言中的諸種結構並不是「隱藏著的」，這意思是說，這些結構並不註定超出我們的認知能力，而是我們默會地知曉的某種東西。這種默會之知展現在我們對語言的使用中，就好比我們認出和造出合乎語法的母語句子的能力展現了我們對母語語法有某種默會之知，即便我們覺得把語法中的各條規則準確表述出來是很難做到或根本做不到的。正是取這層意思，維根斯坦才能在 5.556 故作驚人之語：但凡能理解命題的人，都會知道必定存在基本命題。按維根斯坦的說法（4.002），他這是在認定有某種複雜的無意識處理過程，

類似我們說話時發生的那種過程，它使得我們即便對自己怎樣發出一個個音毫不知情，照樣能說出話來。

這裡特別要提到兩點：一是維根斯坦對哲學問題的診斷（4.003），二是 4.0031 提到的「羅素的功績」。維根斯坦在此引入了全書主題之一：「哲學家們的大多數問題與命題，都是由於未能理解我們語言的邏輯而產生的」。在當前上下文中，他真正在宣稱的是，我們之所以未能理解，原因在於我們語言的表層結構——其日常語法——與其深層邏輯結構之間的歧異。我們要以此來理解 1913 年《邏輯筆記》的如下說法：

> 不信任語法是做哲學的第一要求。[31]

假如我們為我們的語言設計出了一種遵循邏輯句法的記法，那麼在這種記法的限度內，哲學家的那些問題和命題，就連表述出來都不可能了（參見 3.325）。如此一來，那些問題就解決掉了，但不是靠回答問題，而是問題消失了（參見 6.5）。這樣一種記法是為語言而設的一覽無餘的（perspicuous）記法，但這不是因為它比我們的日常說話方式更容易掌握——其實它會格外繁難——而是因為，這種記法會把我們所說的話的成真條件都明擺在表層上。

這裡提到的「羅素的功績」，幾乎無疑是指羅素的限定

---

31 Wittgenstein, *Notebooks*, p. 106.

性描述語理論（Theory of Definite Descriptions）[32]。在該理論中，羅素把「當今的法國國王是禿頭的」這類命題大致分析成這樣，即「有一個當今的法國國王，且至多有一個當今的法國國王，且如果任何東西是一個當今的法國國王，那麼它就是禿頭的」，而這一合取式的成真條件，羅素認為是與原命題相同的。在羅素和維根斯坦看來，限定性描述語理論代表了一次突破，因為該理論給我們指出了這樣一種方法，使得原命題儘管有主謂形式的外表，卻可以不再被視為主謂形式的命題：於是無須假定「當今的法國國王」必定代表什麼東西，也能給這個命題的意義提供完整的說明了。該理論還對羅素和維根斯坦進一步指出，無須假定命題的表面語法結構是其邏輯結構的真正指南。但必須提到的是，羅素和維根斯坦所願意贊同的命題的表面形式與真實形式之間的歧異，還遠比上述例句更出人意料。

命題之為圖畫

　　本節的主旨在 4.01 ──命題是實在的圖畫。這一點從 4.02 開始會予以論證。不過在 4.01 與 4.02 之間，維根斯坦又強調說，他用「圖畫」一詞是取其最廣義，以至於他把我們平時不認為是圖畫的一些東西也算作圖畫──比如說把某份樂譜算作一首交響曲的圖畫。但維根斯坦爭辯說，這樣做不是在擴展「圖畫」一詞的含義，而如果反思一下我們平常用「圖畫」一詞指什麼，那麼這些東西倒必須算作圖畫。

---

32 中文哲學文獻中通常譯作「限定摹狀詞理論」。──譯者注

他所談的「圖畫」，當然包括高度寫實的錯視畫（trompel l'oeil），但我們也可以一步步背離寫實卻還是在談圖畫：比如說，一片風景裡的種種色彩可以用不同的明暗調子來表現，而中世紀繪畫表現國王高位的辦法，可以是把國王畫得比其他人物大一號。一幅圖畫最根本的是要有這樣一套投影規則，一套能讓我們從圖畫中得出所描繪的情形的規則（4.0141）。此後我們會看到（4.04～4.0411），這樣一套規則的存在，蘊含了我們早在 2.16 遇到過的一點：圖畫與所描繪者共有一種邏輯形式。在維根斯坦看來，兩事物之間只要有這一種相似性，就可以談論一事物圖示另一事物。

　　接下來，對於命題之為圖畫，維根斯坦做出了簡單明瞭的論證。當我們聽到一個此前也許從未遇到過的命題時，只要它用的是我們能懂的語言，那麼一般無須做什麼解釋，我們就能理解該命題的意思（4.02）。而我們理解到的東西裡，最關鍵的是知道實際情況必須怎樣該命題才能成真；更有甚者，我們無須知道這個命題是否為真，也能理解這個命題（4.024）。這就意味著，該命題的記號必須足以向我們指定出能使命題成真的情形：也就是指出，如果該命題為真，事情是怎樣的（4.022）。而這一點要想實現，只有該命題記號對我們體現出了這樣一套規則才行，即一套能讓我們從命題記號中得出那一情形的規則。而這一點，結合我們上文講的內容，就相當於說該命題是那一情形的圖畫（4.021）。這又帶我們走向另一思想：語言必須具有組合性。

組合性

　　4.03一個命題必須以舊詞語傳達一個新意義。

對一門語言來講，如果命題的意義是命題所包含詞語連同這些詞語之組合方式的函數，那麼這門語言就是組合性的。弗雷格強調過這一思想，他像維根斯坦一樣主張，有必要把我們的語言視為組合性的，這樣才能解釋我們理解新命題的能力：我們能理解一個我們不熟悉的命題，是因為它所包含的是我們熟悉的片段，並且這些片段是按我們熟悉的形式拼裝起來的。但維根斯坦除了宣稱組合性是語言表達新思想所必需的條件，還宣稱，唯有組合性的語言能表達可真可假的命題。這是因為，要讓命題是可真可假的，命題必須獨立於其為真而有意義：無論命題是否為真，無論我們是否知道它為真，我們理解它的方式是完全不變的。因此，命題即使為假也必須有意義，從而命題必須能夠指定出能使命題成真的情形，即使那一情形並不存在。我們為不存在的情形建立的模型，取材於替代了實際存在的對象的元素（參見4.031）：於是命題就被看作由替代了對象的名稱所組成的模型，而命題所意指的東西——會使命題成真的情形——則由名稱的意謂以及這些名稱的排列方式來確定。正是這樣，假命題才成為可能，而能夠用來說出可真可假的句子的一門語言，也才隨之成為可能。

　　這種解釋用在沒有邏輯複合性的簡單命題上，似乎很行得通，但對於我們時刻在用的邏輯上複合的命題，比如「沒

有什麼人是不愛任何人的」，又該怎麼說呢？遇上這樣的例子，我們到此為止做出的說明似乎幫不上忙了。

「我的根本思想」

　　接下來，維根斯坦引入了他稱為其「根本思想」的論點：「邏輯常元並不替代什麼」（4.0312）。我這裡譯成「替代」（stand in for）一詞的是維根斯坦用的 vertreten 一詞，這個詞一般就是用在警察重建犯罪現場一類場合的，比如一位女警替代被害者，一位男警替代襲擊她的人。能很快理解 4.0312 第一句的一個辦法是考慮一個簡單的關係命題，比如「約翰愛瑪麗」。我們可以這樣來把它看作指定了約翰愛瑪麗的情形，即把「約翰愛瑪麗」這句話當作一個簡單的模型，當作對約翰愛瑪麗這一情形的一次重建。在重建當中，「約翰」替代了約翰，「瑪麗」替代了瑪麗，而約翰愛瑪麗這一情形，則從這兩個名字被置於某種關係這一事實（這兩個名字位於「愛」這個字的左右兩邊）得以表現。維根斯坦主張，正是以這種方式，命題記號指定了約翰愛瑪麗的情形，從而使我們能夠從命題記號看出所宣稱的是什麼。

　　然而，上述說明方式看上去只能說明簡單的關係命題或者說主謂命題，而且有些評論者聲稱，維根斯坦的「命題圖畫論」本來就僅僅意在適用於一切命題裡最簡單的情況，即「基本命題」（見下文 4.21）。但很明確的一點是，維根斯坦對命題之為圖畫的論證是完全一般性的，適用於具有任意邏輯複合性的命題。假如把命題圖畫論限制於基本命題的範圍，就會錯失維根斯坦思想中的一個儘管難懂但又很關鍵的

要素，這要從他稱為其「根本思想」的觀點講起。為此，我們需要回想起第 1 節評論 1.2 時所做的探討。如果考慮一個邏輯上複合的（即用到一個或多個「邏輯常元」——「且」、「非」、「有些」、「所有」這類詞的）命題，那麼這樣一個命題，我們說過，從不會無所連帶地為真，它如果為真，總是有賴於邏輯上簡單的諸命題的某一組合之為真。照此說來，「約翰愛瑪麗或者約翰愛凱特」如果為真，要麼是有賴於「約翰愛瑪麗」為真，要麼就是有賴於「約翰愛凱特」為真。但這表明，此前我們對命題如何圖示情形的說明似乎不再合適了。若依其原樣，此前的說明就只有這樣才能合適，即我們要認為可以有約翰—愛—瑪麗—或—凱特這樣一個「析取事實」：於是這樣一個事實會把析取當作一個要素包含在其中，「或」字則替代這個要素。可常識就足以告訴我們那是錯誤的說法：邏輯常元並不替代什麼。所以，要想讓命題圖畫論普遍適用，而不是僅限於對簡單的基本命題適用，那麼對於邏輯裝置如何讓命題起圖畫作用這個問題，我們就得做出一種完全不同的說明。

　　維根斯坦對這一問題的回答是，命題的邏輯複合性必定鏡映著所表現情形的邏輯複合性——命題必定具有與它所表現的情形「相同的邏輯複多性」。這一思想不太容易看得清楚，所以我們一開始會先講這個短語的解釋裡最簡單的一部分，然後再討論一個更複雜的想法：命題與所表現的情形具有相同的邏輯複多性這一理念，是否可能用於包含邏輯常元的命題。

邏輯複多性

在 4.04，維根斯坦把他在 2.16 對一般而言的圖畫引入的一個思想，用在了命題這一特定情況：這一思想就是，一幅圖畫與它所描繪的情形必定有某種共同的東西，這樣，圖畫才可能對那個情形有所表現，且不論表現得正確還是不正確。維根斯坦在前文談的是「描繪」形式和「邏輯」形式，但現在他改用另一個短語：「邏輯複多性」。為了看出其要點當中最簡單的一層，我們不妨考慮 4.04 的措辭最直接地提示到的一種情況：假定我想表現兩個對象有某種關係──表現兩個人在打架的情形。要做這種表現，我可以畫一幅寫實畫，這會是一幅與所表現的情形有一系列共同特徵的畫。這些共同特徵裡，有很多對這幅畫來說並不是本質性的，而且我可以改用非寫實的表現手段，其中包括說出了這兩個人在打架的命題。在這樣的非寫實表現手段中，那些共同特徵有很多會消失，不過如果圖畫要對所要求的情形有所表現，有一系列特徵還是必須保留的。尤其是，因為情形涉及兩個人，所以表現中必須有兩個要素──每個要素各代表其中一人──而既然這一情形是兩個人有某種關係的情形，兩個要素也就必須有一種相應的關係。就命題而言，其要素就是二人的名字，這兩個名字之形成關係，則是憑二者在「A 和 B 在打架」這句話裡的相對位置。

但維根斯坦的邏輯複多性觀念，遠不止於這樣統計一下要素的數目：舉例來說，可以考慮一條「時間線」如何表現一系列事件的發生順序：在此，時間關係是由紙上或無論什

麼上的空間關係表現出來的。之所以能這樣來表現，完全是因為頁面上的線條和時間序列有相同的基本拓撲結構：我們把一個條目放在另外兩個條目之間，能表現一件事發生於另外兩件事之間。因此，之所以能這樣來表現，完全是因為我們既明白線條上的之間，也明白時間序列上的之間，而且表現者與被表現者共有這一要素，這點是無論採取什麼表現風格都必須保留的。

然而 4.0411 又表明，維根斯坦所追索的，是一個比上述想法更加艱深的想法——命題與命題所表現的情形共有同樣的邏輯複多性這個想法，有待於擴展成一種對邏輯常元如何發揮作用的理解。維根斯坦在 4.0411 闡述了量化記法如何必須有某些特徵才足以表達概括性。解讀 4.0411 的時候，我們要記住，這條論述的本意，是要闡明概括命題如何必須與它所表現的情形有相同的邏輯複多性。我們在此要回憶起維根斯坦說的「情形」（Sachlage）是什麼意思：情形在於「事態的存在與不存在」。為當前目的起見，我們不妨假定〔湯姆在房間裡〕、〔迪克在房間裡〕、〔哈利在房間裡〕等，在第 2 節開頭所述的意義上都是簡單事態。那麼這些事態可以直接明瞭地由如下一些簡單（「基本」）命題建立模型，如「湯姆在房間裡」、「迪克在房間裡」、「哈利在房間裡」等。假定我們再考慮〔有一個人在房間裡〕和〔如果湯姆在房間裡，則迪克不在房間裡〕這兩個情形。前一個情形存在，當且僅當那些簡單事態裡有一個存在，而後一個情形存在，當且僅當（〔湯姆在房間裡〕不存在或〔迪克在房間裡〕不存在）。即是說，這兩個情形是否存在，取決於哪

個事態組合存在。而用語言來表現這樣一個情形的辦法，是說出這樣一個命題，一個表明了諸基本命題的哪種真假值組合能使該情形為真的命題。而邏輯裝置的功能，在於正好挑出基本命題真假值的這樣一些正確組合，這些組合可使命題為真，並且正好與背後的諸事態存在與否的正確組合相鏡映。現在的任務是建構一種記法來把這一點顯明──把命題的邏輯複合性反映著所表現情形的邏輯複合性這一點，展現到外表上（參見 5.475）。若採用這種記法，命題記號就會顯示出命題與命題所表現的情形有何共同之處。

哲學之為活動

　　命題 4.1 相當於總結了我們目前為止取得的認識，緊接著，針對這一認識如何牽涉哲學本性的問題，維根斯坦插入了一段反思。這段反思開始於 4.11，維根斯坦在此把真命題的總和等同於自然科學的領域。整本書裡，能夠支援我們把《邏輯哲學論》視為率先提出邏輯實證主義的段落是極少的，4.11 正是其中之一。然而，提出邏輯實證主義並非 4.11 在當前上下文中的目的，而且與實證主義者不同，維根斯坦的本意絕不在於把一項認識論標準引入他對意義的說明中：這會與我們至此考察過的一切完全相悖。維根斯坦真正想說的是，如果命題表現事態的存在和不存在，那麼為了發現命題是否為真，我們必須拿它與實在做比較，弄清相關的事態是否存在。可這是經驗探究的職責：換言之，是自然科學的職責（這裡對自然科學作很寬泛的理解，足以囊括我們在日常環境裡的所見所聞）。因此，哲學若不是各門自然科學

裡的一門（4.111），哲學的職責就絕不可能在於提出命題（4.112）。這樣一來，留給哲學去完成的任務，不是透過發現新的真相來增加人類知識，而是澄清我們已知的東西，消除那些一開始催生出哲學問題的誤解。由此，維根斯坦終生未改地拉開了他與那樣一些人的距離，那些人認為某些特定的科學發現，如達爾文的自然選擇演化理論（4.112），與哲學是能搭上關係的。

這是否意味著，他的哲學觀完全是消極的，認為哲學只不過是負責消除混亂呢？對這個問題的充分探討，我們留到第 7 節進行，不過眼下我們先簡單指出，他的哲學觀看起來不完全是消極的，因為這段討論最後還說道：

4.115 哲學將透過把可說的東西展現清楚，來指示（bedeuten）那不可說的。

由此他開始討論那「不可說的」。

顯示與言說

我們在 4.12 回到全書主題之一：命題為了對實在有所表現而必須與實在共有的邏輯形式，無法在語言之內得到表現，而是由語言的工作方式體現出來或者說顯示出來。無論語言就實在說點什麼，它都必須與實在共用一種同樣的形式；但正因為這個，語言預設了實在有那種形式，卻無法把這點說出來：

> 4.12 ……為了能表現邏輯形式，我們必須能把自己與命
> 題一同擺在邏輯之外，亦即世界之外。
> 4.1212可顯示的東西是不可說的。

由此，話題自然引向了對他所謂的對象和事態的「形式」屬
性的探討，這種屬性亦稱「內在」屬性：這是一些無法設想
某個對象或事態會不具備的屬性（4.123）。如果某一屬性
是某個對象的內在屬性，那麼，想到那個對象就是把它想成
具有那一屬性（你既可以把蘇格拉底想成是有智慧的，也
可以把他想成是沒有智慧的，但憑想到蘇格拉底這一行為本
身，就是把蘇格拉底想成是一個人了）。就維根斯坦予以首
要關注的簡單對象而言，一個對象的內在屬性，是它與其他
對象適當地結合成事態的可能性（見 2.0121）。對象之具備
這種內在屬性或曰形式屬性，從而是一種典型的可顯示但不
可說的東西：顯示出但不說出一個對象有某種形式屬性的，
是對象的名稱可以在其中有意義地出現的命題系列。這樣，
對象的形式屬性就由我們對於對象名稱的使用所顯示。

形式概念

　　由上述觀點出發，維根斯坦在 4.126 引入了形式概念與
真正的概念之間的區分。

　　不妨假設我們要基於邏輯來構想一種範疇理論，或者
說，構想一種邏輯上有別的種種實體的理論——這種種實體
在弗雷格那裡是函數和對象，在維根斯坦那裡是對象、事
態、數等等——該理論中，標誌著各類實體在邏輯上有別的

東西，是種種實體的記號能有意義地在其中出現的命題系列。這時候，維根斯坦堅持主張，無論表面上顯得怎樣，我們用來指示這些不同範疇的詞——如「對象」——其實起不到指示真正的概念的作用，倘若把那些詞當作能起這種作用來看待，我們則會陷入嚴重的哲學困境。

　　考慮一下包含形式概念詞的概括命題，這點就可以看得很清楚了。我們彷彿能夠說：「既然從『有幾本書在桌面上』可以推出『有幾本書』，那麼憑藉推理形式的等價性，從『有一些對象是 F』就可以推出『有一些對象』。」維根斯坦則堅持主張，「有幾本書是 F」的邏輯形式不同於「有一些對象是 F」，若採用正確的邏輯記法，兩個命題會有明顯不同的轉寫形式。說「有一些對象（物）」有意義，是誤解了「對象」一詞起的作用，說明我們在此被「有一些對象是 F」這類句子的表層語法誤導了。儘管「有一些對象是 F」完全說得通，「有一些對象」卻純屬胡說。「有幾本書在桌面上」用量詞記法會轉寫成「$(\exists x)(Bx \ \& \ Tx)$」，但「有一些對象是 F」不是轉寫成「$(\exists x)(Ox \ \& \ Fx)$」，僅僅是轉寫成「$(\exists x)(Fx)$」而已。

　　只有當「對象」一詞指示真正的概念而非形式概念時，「$(\exists x)(Ox \ \& \ Fx)$」這種轉寫法才合適。「對象」一詞作為形式概念詞，其功能是指定施加量化的論域——「$(\exists x)(Fx)$」應讀作「有個什麼是 F（Something is F）」而非「某個東西是 F（Some thing is F）」[33]。只有當我們想要把量化施

─────────────

[33]「沒有什麼是 F」（Nothing is F）若讀作「沒有東西是 F」（No

加在一個比對象域更廣的論域上時，把「有一些對象是 F」轉寫爲「$(\exists x)\,(Ox\ \&\ Fx)$」才有意義，但如果「對象」所指示的是個形式概念，則不可能有什麼更廣的論域。我們可以說，由「對象」這類詞所指示的形式概念，無非是「無論什麼（everything）」和「有個什麼（something）」的客觀對應項（objective correlative）。這就是維根斯坦說「形式概念的運算式因此就是一個命題變元」的要點所在。但如果「有一些對象是 F」的正確轉寫形式僅僅是「$(\exists x)\,(Fx)$」而已，那麼「有一些對象」本身就無法予以轉寫，而從「有幾本書在這桌子上」推出「有幾本書」，與從「有一些對象是 F」推出「有一些對象」，這兩種推論在表面上的類似也就由此被揭穿爲假象。

因而，維根斯坦會得出結論說，「存在著對象」根本就是胡說，而我們用「存在著對象」這種說法想要表達的東西，是某種無法說出的東西，這種東西是由對象的專名和以對象爲值的變元在語言中所起的作用顯示出來的；而我們用「至少存在兩個對象」的說法想表達的東西，是由語言中至少有兩個名稱這點顯示出來的如此等等。

接下來，維根斯坦會進而宣稱有一種「命題的基本形式」，其入手點則是引入「基本命題」這一概念。

---

thing is F），就會等同於一個荒謬的說法，即「無論什麼（或『無論哪個東西』）是 F，它都不是一個東西」。

基本命題

上文討論到 4.04～4.0411 的時候，我們提出，維根斯坦想要把邏輯上複合的命題解釋爲圖畫，解釋的方式是表明這些命題是由邏輯上簡單的命題建構而成的。現在到了 4.21，維根斯坦引入了「基本命題」的概念（不過引入得有點遲）來標稱這類簡單命題，而這類命題我們已在必要之處提到過。首先，我們可以把這類命題刻畫爲不含邏輯複合性的命題，無須用到邏輯常元就能加以表述。維根斯坦爲自己制訂的計畫，是把一個邏輯上複合的命題的意義，解釋爲該命題與一組邏輯上簡單的命題之間的關係。然而我們已經了解到，在維根斯坦看來，命題的表層邏輯形式無法絕對可靠地透露其眞實形式。如此說來，一個命題即使看起來沒有邏輯複合性，也無法保證我們在分析過後，仍不會發現有隱藏的邏輯複合性。而如果表面上的語法簡單性並不擔保眞正的邏輯簡單性，我們就需要另有一項標準來判定，什麼是眞正的基本命題，什麼不是。羅素面臨同樣問題時，在他那一版本的「邏輯原子論」中，對此問題採取了一項認識論標準：基本命題（或按羅素的叫法，「原子命題」）是由我親知實體的名稱所構成的命題，而我親知的實體是笛卡兒式懷疑所波及不到的。維根斯坦對此並不贊同，他認爲這種回答的思路錯了 [34]。眞正需要的不是認識論上的回答，而是合乎我們

---

[34] 詳見他 1913 年末寫給羅素的信（《筆記》，第 129 頁）：「……你那描述語理論的正確性是完全**無疑問的**，儘管單個的初始記號並不同於你對它們會是什麼的設想。」

為命題意義進行奠基的如下做法的回答，這種做法就是從成真條件的角度，把命題的意義奠基於一組與世界上實際發生之事的確切而實質的細節直接相接合的命題，從而解釋了命題怎樣憑世界是什麼樣而為真或為假。因此他提議，一個基本命題的正面標誌，在於這類命題應當有完全確定的意義，換言之，這類命題應該是全然確切的，恰好表現一個確切的事態（見上文對 3.23～3.24 的討論）。這樣一來，原來的計畫就轉變為如下計畫：透過解釋任一命題如何關聯於如此設想的基本命題組，來解釋這個命題的意義。

真值表

　　鑑於上文所言，由於理解一個命題，就在於知道如果它為真則實際情況如何，又由於直接與世界相接合的是基本命題，使得正是基本命題的真假賦予其他所有命題以真假，因此我們的任務就是以適當形式表現任一命題，以顯示出基本命題的哪種真假組合能使它成真。因此，維根斯坦先是在 4.31 中擬出一種很易於理解的格式，用來列明 n 個基本命題的真值可能性。這樣一來，至少在數量有限的情況下，若要表達任一命題的成真條件，我們只需標出那些真值可能性之中，哪些使所給命題成真，哪些使其成假就行了。

　　話題由此直接引向了維根斯坦發明的真值表，該表如 4.442 所示（其中的例子代表的是「$p \supset q$」這一命題）。埃米爾‧普斯特也獨立發明了真值表，但他是把真值表當成一種簡便技巧，用來判定命題邏輯中任一公式的真值（一條公式是邏輯真理，當且僅當主列中所有位置都是 T）。後來

有人問維根斯坦是誰先發明了真值表，維根斯坦說他對此並不在意，因為在他看來，他所發現的不是真值表本身，而是如何能用它來為語言提供一種一覽無餘的記法：這想法無非是說，可以用「$p \& q$」的真值表來代替「$p \& q$」──對此，他在 4.442 中予以示例：

4.442依此，例如

p	q	
T	T	T
F	T	T
T	F	
F	F	T

就是一個命題記號

維根斯坦還指出，本表可以縮寫成「(TT-T)(p, q)」或者「(TTFT)(p, q)」。假如它真能充當一種普適的記法來展示任一命題的成真條件，該書下一節的篇幅就會大大縮短了。因為那樣的話，給出命題的一般形式所需要的，就無非是設計一個簡單而機械的手段，來為給定的 n 個基本命題生成總共 2^n 行的 T/F 矩陣，從中就給出了每個可能的命題。然而，真值表記法只在基本命題數量有限的情況下才可用。因此，等到維根斯坦要來為命題一般形式作最終說明的時候，如果他想為存在無窮多個基本命題的可能性留出餘地，就必須把這真值表記法升級為功能更強大的 N 運算元記法，這一記

法將在 5.502 引入。就目前情況來說，我們手頭這種記法，與能表達命題一般形式的記法相比，充其量也只是一種初步的近似。

重言式與矛盾式

真值表記法產生出兩種極限情況或稱退化情況，這是維根斯坦對邏輯真理的說明的關鍵所在。有一種情況是，當一個命題用縮略式的真值表記法來刻畫時，基本命題清單前面的矩陣裡列出的真值無一例外是 T，還有一種情況是，這些真值無一例外是 F（即「重言式」與「矛盾式」）。由於維根斯坦對邏輯真的完整說明會在 6.1～6.11 給出，這裡我們就只簡單提一下維根斯坦在此想說的幾點（我們不妨只關注重言式，因為我們就重言式所說的內容只要加以適當變換，同樣適用於矛盾式）。第一，很顯然，重言式無條件地為真——這點從真值表記法的工作機制即可推出。第二，重言式「沒說出什麼」（「如果我知道的是，現在或者在下雨或者不在下雨，那麼我對天氣是一無所知的」〔4.461〕），所以維根斯坦把這些命題稱為「欠缺意義的」。但第三，重言式並不是胡說〔unsinnig〕，而仍是符號體系的組成部分（4.4611[35]）。

要弄清「欠缺意義」與「胡說」的對照，可以考慮這樣一點：符號體系的工作機制允許我們對一個重言式和一個有意義命題作合取，合取的結果是一個有意義的命題，該命題

---

[35] 原書作 4.4461，現予以更正。——譯者注

所說的和原命題一樣（「*p* & taut」＝「*p*」），而把一句胡說和一個有意義的命題作合取，就得不出有意義的命題，只會得出胡說。

最後，由於重言式「對實在的諸表現關係互相抵消」，因此「它們不是實在的圖畫」。說重言式不是圖畫，彷彿是威脅到了它們的命題地位，但對於重言式是不是圖畫的問題，我們取哪種說法是有選擇餘地的。我們可以把這比作一位畫家繪製了這樣一系列肖像畫，其中每幅畫像所表現的被畫者的細部特徵，都比前一幅畫像來得少，直到這樣一幅「極簡」畫像，完全沒有任何細節，其實就是一幅空白畫布。你自然會說空白畫布不是畫像，但也可以說它是畫像的極限情況，是由畫家採取的表現手段所容許的極限。

命題的一般形式

維根斯坦在本節結尾指出，他已經為下一節的話題，即對命題一般形式的描述，打好了基礎。他還在 4.5 簡要提示了對這一形式必定存在的論證：命題有其一般形式，這蘊含在不可能有無法預見其形式的命題這一點之中。

梳理這個論證之前，關於這一段還有兩點要提。第 1 點是，維根斯坦確實論證了有命題的一般形式這種東西，而不止於假定有這種東西。這之所以值得一講，是因為維根斯坦《哲學研究》對他早期立場的刻畫極易誤導讀者。維根斯坦把「命題」一詞比作「遊戲」的時候說：

不要說「它們一定有某種共同之處」，否則它們不會都

叫作「遊戲」──而要看看所有這些究竟有沒有共同之處。[36]

他寫《邏輯哲學論》的時候，並沒有像他後來暗示的那樣，只是想當然地以為命題必定有種一般形式。第 2 點是，4.5 的最後一句，若看作在陳述維根斯坦爭取抵達的目標，那麼這看起來驚人地乏味，甚至冒著傻氣，而按通常方式把它翻譯出來也會是這樣。也許我們應該把握住 sich verhälten 在英譯文裡損失了的弦外之音，將這句話譯成：「這就是諸物安排成的樣子」，言下之意是，如果我們有了命題的一般形式，那麼對於任何命題，這種形式都能表明世界上的諸物必須如何安排才能使命題成真。

為了點明論證的要義所在，不妨回想我之前刻畫組合性時給出的非形式的說法：「我們能理解一個我們不熟悉的命題，是因為它所包含的是我們熟悉的片段，這些片段也是按我們熟悉的形式拼裝起來的」。如果這一說法真有適用之處，那麼必定要存在一種「熟悉的形式」，一種句子的片段依其拼裝起來的形式：這一點用維根斯坦的話說，就是「不可能有無法預見（亦即無法構造）其形式的命題」。

如果我們無需別人解釋就能理解一個全新的命題，再者，如果這樣一個命題之有意義，獨立於其為真，獨立於世界上實情如何，那麼這個命題的意義必定得自它在語言系統中的地位。維根斯坦用「命題的一般形式」所指的就是這樣

---

36 Wittgenstein, *Philosophical Investigations*, §66.

一個系統的一般形式：這個系統是每個可能的命題都將從中生成的系統。

最後，在 4.51 中，維根斯坦具體說明了確定命題的一般形式如何能達到他的一個主要目標：設定語言的界限：命題的一般形式將顯示出一個命題怎樣由所有基本命題的集合構造出來。任何無法這樣生成的東西，則會由此顯示爲處於界限之外，因而就是胡說。

✎ 討論話題

在你看來，維根斯坦對命題是圖畫這一點的論證有多強？
對維根斯坦所略述的命題有其一般形式的論證，請獨自想辦法把它具體展開。

第 5 節　「命題是諸基本命題的眞值函數」

維根斯坦在4.5主張，必定有「命題的一般形式」這樣一種東西：我們可以把語言呈現爲一個單一的系統，這一系統可以把每個命題都生成出來。這一節，爲落實上述設想，維根斯坦想辦法擬出這樣一個系統的基本結構，並廓清其邏輯觀的技術性細節。從根本上說，《邏輯哲學論》裡的形式邏輯是格外簡單的，而我對本節的講述，也不會預設讀者此前詳細了解過形式邏輯。眞值函數；一切邏輯之爲眞值函數性質的；運算與函數；爲什麼只有一個邏輯常元；N運算元；概括性；同一性；唯我論與實在論。

　　命題 5 相當於是全書最基本的主張。由前文講過的內容可見，對命題 5 的論證格外簡單，本書這一節的目的則在於表明，怎樣才可能歸結到真值函數來說明語言中所有的命題。不過我們必須先解釋一下，說一個命題是另一個命題集的「真值函數」是什麼意思。

　　如果確定命題集 $\{p, q, r, ...\}$ 的真值足以確定命題 P 的真值，我們就說命題 P 是命題集 $\{p, q, r, ...\}$ 的一個真值函數。而如果我們又認為命題意義要完全歸結到命題的成真條件而給出，則可以說，P 是某一命題集 $\{p, q, r, ...\}$ 的一個真值函數，當且僅當 P 的意義可以通過指定命題 $p, q, r, ...$ 的哪些真值組合使 P 成真而得到完整的說明。依此，「$p \& q$」是 p 和 q 的真值函數，因為如果 p 和 q 都為真，那麼「$p \& q$」為真，否則「$p \& q$」為假；「並非 p」（「$\sim p$」）是 p 的真值函數，「$\sim p$」為真當且僅當 p 為假。我們可以把這種真值函數關係看成是給出了對「$p \& q$」、「$\sim p$」的意義的完整解釋，而「$\&$」和「$\sim$」叫作真值函數連結詞。「因為」則是非真值函數連結詞，這是由於，雖然 p 和 q 都為真是「p，因為 q」為真所必需的，但 p 和 q 都為真並不保證「p，因為 q」會為真。

　　對真值函數這個簡單的概念，我們還有一點解釋要做，以便弄清維根斯坦把它派上的用場。按通常的解說，「命題邏輯」或曰「真值函數邏輯」所研究的，是把有限個命題連成新命題的真值函數連結詞（例如：「$\&$」把兩個命題連成又一個命題），而對於《邏輯哲學論》第 5 節前面部分的很多內容，一般採取的解說方式，真正說來也只適用於基本命

題個數有限的情況。然而，如我們剛才所解說的真值函數概念中，並沒有什麼東西將其適用範圍限制在了這種有限情況，而且我們也沒有理由去排除某個命題是某組無窮多個命題的真值函數的情況。而如果我們希望容許有無窮多個基本命題的可能，一如維根斯坦所明顯希望的，那麼，若想保留每個命題都是諸基本命題的真值函數這一論點，我們就只有把這種無窮的真值函數承認下來才行。而且隨本節向下進展，維根斯坦的確會在目的所需之處引入「N 運算元」來充當他最根本的連結詞，因為在這些地方，需要它完成的任務是充當一個無窮運算元，要能夠用在一組無論個數有限還是無窮的命題上。

然而，《邏輯哲學論》這節前面部分中有幾條論述顯示，維根斯坦沒有領會有限情況與無窮情況的根本不同。這使許多評論者斷定，本節對邏輯的說明有無法彌補的瑕疵。但事實上，雖然本節前面部分有些說法是錯的，卻不難對他的說法做些修補，從而形成邏輯與命題的一幅很站得住腳的整體圖畫。維根斯坦忽視有限與無窮之差別的最嚴重後果，並不在本節出現，而是在 6.122 出現，到那時我會進一步探討。眼下我只會先順帶提幾點，尤其是在 5.1s，因為維根斯坦在 5.1s 的說法只對有限情況成立。而維根斯坦這份說明的真正趣味在本節後面部分的闡述當中，那一段闡述確實有相當一般的適用性，並不限於有限情況，而那一部分我會著重於講 5.5s。

對命題 5 的論證，真正說來就是前文諸條線索的攏集，而每個命題都是諸基本命題的真值函數這一主張，可以直接

從本書開篇各段以來的所有闡述，連同 4.21 對何謂基本命題的解說中推導出來。世界已被解說為事實的總和，而其中的事實在於事態的存在和非存在。基本命題是表現這些事態的命題，並且是按照基本命題和事態有種一對一關聯性的方式來表現：每個事態對應一個為該事態建模的基本命題，而每個基本命題正好表現一個事態。這樣一來，我們如果知道每個基本命題的真值，就確切地知道了哪些事態存在，哪些不存在。而這樣我們就知道了一切實際情況，從而無論要確定哪個有意義命題的真值，我們都掌握了所需的一切資訊：任何貌似命題的東西，其真值若不能靠確定基本命題的真值來判定，那麼它對世界的樣子就無法做出應答（參見 4.26）。而這樣說就相當於說，每個命題都是諸基本命題的真值函數。

於是，本節的任務在於設計出這樣一種記法，以便我們把任一命題真正作為基本命題的真值函數來表示。如此就為語言提供了一種一覽無餘的記法，這種一覽無餘在於，某種原本掩藏在我們日常自我表達方式裡的東西——我們所作斷言的成真條件——將能從命題記號本身直接讀出來。

機 率

我們不必為 5.1s 耽擱太久。很難看出，維根斯坦為什麼把這麼多篇幅用在一個必須算作相對次要的問題上：誠然，任何一份對語言的完整說明，都至少要提示到表達機率的命題在其中會作何處理，但這還是解釋不了為什麼維根斯坦對機率命題用去的篇幅，比諸如所有數學哲學方面的討論

（6.2～6.241）還要長。下面我會略述他對機率的說明的實質內容，以及它所遇到的難處。

該說明大體如下：假定我們把一個命題表達成諸基本命題的眞値函數。那麼，就會存在諸基本命題的某些眞假値組合使該命題成眞：不妨把這樣一個組合稱爲該命題的一個「成眞根據」（truth ground）（5.101）。假定我們再考慮命題「p」和命題「q」。那麼如果我們用「$p \& q$」的成眞根據個數，除以「q」的成眞根據個數，就得出了在給定「q」爲眞時，「p」爲眞的相對機率。

關於該說明，似乎有兩點値得提到：

1. 這種說明方式必須做一未加論證的假定，即任一基本命題爲眞和爲假的似然度相等。

2. 基本命題如果有無窮多個，這種說明方式就會完全失效。

運算與函數

在 5.2s，維根斯坦對「函數」和「運算」作了一個根本的區分。首先，若想弄懂下面的內容，有一個術語上的要點應該被牢記，因爲大多數的數學函數在維根斯坦所取的意義上並不算作函數，而是歸爲運算，並且有些混亂的是，維根斯坦保留了「眞値函數」這一傳統用語，儘管眞値函數在他看來是最重要的一類運算。爲了弄清維根斯坦《邏輯哲學論》這部分的說法的含義，我們要把他說的「函數」，當成特指一類函數，即命題函數：亦即以名稱爲自變元，以命題記號爲値的函數。照此說來，「ξ 有智慧」這一函數，就是

當自變元取「蘇格拉底」時，函數值取「蘇格拉底有智慧」
的函數。而運算，至少依照維根斯坦的主要用法，是用在一
個命題上以產生另一個命題的（例如：「並非 a」用在一個
命題上，會產生該命題的否定）。維根斯坦 5.2s 的基本要
點即是堅持這樣一點：若按我們剛才那樣來解說函數與運算
的概念，則二者起作用的方式完全不同。

　　維根斯坦對函數與運算作了如下對比：函數不可反覆運
算，而運算可以反覆運算。從非形式的角度，我們會認為這
意味著「蘇格拉底有智慧有智慧」（把「ζ 有智慧」應用在
該函數的一個值——「蘇格拉底有智慧」）是胡說，而「並
非並非 a」是十足有意義的。但維根斯坦想主張的是更為根
本的一點。這裡我們需要回想起命題記號不是複合物，而是
事實（3.14）。因而，命題函數是以名稱為自變元，以事實
為值的函數——這些事實即是有關那些名稱的事實。而這意
味著，事實根本不是那種能作為自變元代入命題函數中的東
西。所以關鍵不在於硬要反覆運算命題函數會產生「蘇格拉
底有智慧有智慧」這樣的胡說，而在於，就連談論這樣反覆
運算的打算都毫無意義。而運算的自變元是一個命題，運算
的值是另一個命題，從而運算的反覆運算不存在障礙。

眞值運算

　　接下來所謂的「眞值運算」（5.3）並不難懂。眞值
運算是這樣一種運算，當它應用到某一命題集的一個眞值
函數上時，會產生出原命題集的另一個眞值函數。如果採
用 4.442 的記法，把「p & q」寫成 (TFFF)(p, q)，那麼，

我們把否定作爲一次眞值運算應用在這個命題上，就得到 (FTTT)(p, q)：我們把 T 統統調換成 F，把 F 統統調換成 T，而「p」和「q」保持不變。一般而言，應用一次眞值運算的結果，無非是把某些 F 改成 T，把某些 T 改成 F。連續數次對一個命題集應用眞值運算，得到的結果就總會是原命題集的一個眞值函數。那麼，5.3 的主張就無非是說，我們可以通過對諸基本命題連續應用眞值運算（5.32），來構造基本命題集的每一個眞值函數，也就是每一個命題。我們將在 5.5 看到維根斯坦想如何實施這一主張。

「邏輯中唯一的一般性初始記號」

　　維根斯坦想要發現這樣一種記法，即一種能讓我們看出一個命題怎樣由諸基本命題經過有限次眞值運算而生成的記法。但他也想只用一個初始記號——他在 5.502 引入的 N 運算元（參見 5.47）——就做成這件事。爲什麼他不想學弗雷格和羅素的做法，往他的邏輯裡引入多個不同的初始記號呢？這是因爲，維根斯坦想要對整個邏輯做出單獨一份性質齊一的（homogeneous）說明。假設你像弗雷格和羅素那樣，往你的邏輯裡引入一系列相互異類的初始記號——類似於「如果……那麼……」、「或」、「並非」、「每個」、「某些」，以及「等於」這樣一組記號。那麼就會出現幾個問題。這些各不相同的觀念有什麼共同點？我們爲什麼偏偏把這樣一些雜七雜八、頗爲古怪的「邏輯常元」挑出來充當邏輯的基本概念呢？這些概念若是眞正截然有別的初始概念，我們又該怎樣解釋它們之間相互的邏輯關聯所構成的複

雜網路呢？比如說，可以有很多種不同的方式從那個概念集裡選出一個子集來定義餘下的概念（5.42）。而維根斯坦則是要說，真正初始的邏輯概念，就是把諸命題組合成邏輯上複合的命題這一觀念，而這一觀念再結合本節的核心主張，就是指把諸命題組合為諸命題的真值函數這個一般觀念：這樣一來，弗雷格與羅素邏輯中的「邏輯常元」，就統統可以解釋為這個一般觀念的特殊情況了。因此他想方設法要構造一個單一的邏輯裝置（他的「N 運算元」：見 5.502），要讓一個命題集的每個可能的真值函數都能由它來界定。這件邏輯裝置，並不實際就是那「唯一的邏輯常元」──「唯一的邏輯常元」指的是構成真值函數性質的複合命題這個一般觀念──但既然一個命題集的每個可能的真值函數都能用這件裝置來界定，它就可以用來代表那唯一的邏輯常元。

　　維根斯坦之所以想方設法只用一件邏輯裝置來建構整個邏輯，還有一個更特殊的理由，這是 5.451 背後的關切所在。要想充分理解這段話的要點，可以把它批評的對象視為羅素以及《數學原理》引入初始邏輯常元的方式。懷德海和羅素先是建立了命題邏輯，這時引入了「∨」（＝或）和「～」（＝並非）這兩個初始邏輯常元。在這個階段，由於他們還沒有引入概括記號，所以他們只能對未用到量詞的記號組合引入「～」。然後在《數學原理》*9，他們引入了量詞，這時就得解釋既包含量詞又包含否定符號的命題的意義。他們於是定義了這類記號組合的意謂。維根斯坦反對這種分步漸進地引入「～」的做法，並在 5.451 予以詳細說明。我們只需問一問：「到了這一步，哪還有餘地去下定義

呢？」要麼，否定所意謂的與首次引入否定記號時一樣，這種情況下它與量詞的組合的意謂，應能從一開始對否定的解說中推導出來；要麼，否定所意謂的和一開始不一樣，在這種情況下用一樣的記號會導致混亂。維根斯坦稱，要避免這種情況，唯有我們不是陸陸續續地，而是一次性地引入所有初始邏輯記號才行。而要做到這一點，最簡單的辦法是只引入一件邏輯裝置——　N 運算元——並完全用這個運算元來解說羅素的邏輯中全部的所謂初始記號。

謝費爾分隔號

　　為了弄懂維根斯坦會怎樣運用 N 運算元，我們需要繞行到「謝費爾分隔號」這一話題，做些預備工作。謝費爾證明，可以僅用一個邏輯連結詞構造出全部命題邏輯（命題邏輯，即邏輯中處理有限個命題的眞值函數的部分）。如果把「$p|q$」看作「既非 p 且非 q」，我們可以表明，命題邏輯的其他所有連結詞都可以完全用這一連結詞來定義。證明謝費爾的結果很容易，不過我在這裡只解說一下如何用「$p|q$」來定義其他邏輯連結詞。「並非 p」相當於「既非 p 且非 p」，即「$\sim p$」＝「$p|p$」，而「p 或 q」相當於「並非既非 p 且非 q」，即「$p \lor q$」＝「$(p|q)|(p|q)$」，諸如此類。維根斯坦想要把諸基本命題的每個眞值函數，都構造成某一種眞值運算在諸基本命題上連續應用的結果。謝費爾的結果只涉及有限個命題的眞值函數，但維根斯坦需要能處理無窮多個命題的眞值函數。因此，維根斯坦將引入「既非……且非……」的無窮型類似品，即 N 運算元，還會不加證明

地認定謝費爾的結果對於無窮情況也能通過（直覺上明顯是能通過的）。我們可以認為這個無窮型類似品就是「以下皆非：……」這個運算元，當它應用在一系列（個數可能是無窮多的）命題上時，產生出一個命題，說的是這一系列中沒有一個命題為真。

變元之為命題變元

　　我們現在要回到一個維根斯坦誤植於 3.314 的主張——每個變元都可理解為一個命題變元。直到 5.501 這裡，維根斯坦才需要一個具有充分一般性的命題變元概念，上述主張及其重要意義也才能予以恰當的評估。我們需要理解的是如下幾點：(1) 這個一般概念是怎樣定義的；(2) 每個變元怎樣理解為一個如此定義的命題變元；(3) 為什麼這一主張對維根斯坦很重要。

1. 維根斯坦所說的命題變元，指的是取值均為命題的變元，但不是指以所有命題為取值範圍的變元。按他對變元的用法，變元的取值範圍總是一個有限的命題域。如他所言，規定變元的方式就是規定變元可能取的值，如何規定這一取值範圍則無關緊要（5.501，參見 3.316～3.317）。在5.501 中，他具體說明了我們規定取值範圍的 3 種方式，但重要的是要注意，他沒有說他這 3 種規定方式毫無遺漏：實際上，若要完整地實施他用命題變元處理整個邏輯的計畫，那麼此處列出的清單還需要補入更多的規定方式。當一個真值函數應用到一個如此解釋的命題變元上，會產生一個命題，它是該變元從中取值的那些命題的真值

函數。如此說來，我們可以把「$V(\bar{\xi})$」當成這樣一個眞值
運算，當它應用在以某一命題集爲取值範圍的變元上時，
會產生一個命題，該命題說那個命題集中至少有一個命
題爲眞。那麼，如果 ξ 的取值範圍是 p 和 q 這兩個命題，
「$V(\bar{\xi})$」就會等價於「$p \lor q$」，而如果 ξ 的取值範圍是所
有 fx 形式的命題，「$V(\bar{\xi})$」就會等價於「$(\exists x) fx$」。

2. 雖然維根斯坦沒有明言這一點，但他說每個變元都可以理
解爲命題變元的時候，所考慮的是標準邏輯中對變元的使
用，而不是在微積分之類的數學中對變元的使用。爲理
解維根斯坦的看法，最好是舉個例子。考慮「$(\exists x) fx$」。
按照通常對變元的理解，這個命題的變元是字母「x」，
它以對象爲取值範圍，而這個命題所說的是某對象有屬性
f。但我們對這個命題也可以有另一種理解。我們可以不
再簡單地認爲命題中的變元就是字母 x，而是認爲變元是
「fx」這一複合記號，它以所有「fx」形式的命題爲取值
範圍，然後我們把整個命題讀作是在說，某個有如此形式
的命題爲眞。可以初步認定，我們得到的是同樣的結果，
但只用到一個命題變元。這樣，我們可以把每一次對變元
的使用，替換爲對命題變元的使用。

3. 維根斯坦之所以想要把每個變元都理解爲命題變元，其理
由很簡單。他想要證明，整個邏輯都可以完全歸結到眞值
函數來解釋，因此想要僅僅用眞值函數運算元來建立他的
邏輯。但是，眞值函數運算元總是對整個命題做運算，並
把所運算命題的內部結構忽略掉。所以，只有變元的值總
是整個命題，才可能構造一個能處理邏輯中對變元的使用

的眞值函數運算元。所以他需要偏離通常看待變元的角度，畢竟按通常角度來看，命題的內部結構是不能無視的。

N運算元

維根斯坦在 5.502 引入了 N 運算元，而 N 運算元完全就是謝費爾分隔號的無窮型類似品。把這個運算元應用在一個命題變元上，會產生一個命題，該命題是變元取值範圍的那些命題的一個函數，具體來說，就是一個當且僅當範圍內所有命題爲假，則自身爲眞的命題。依此，舉最簡單的情況來說（5.51），如果我們讓變元「ξ」僅以兩個命題「p」與「q」爲取值範圍，「$N(\bar{\xi})$」就等價於「旣非 p 且非 q」，而如果它以單個命題「p」爲取值範圍，「$N(\bar{\xi})$」就相當於「非 p」。謝費爾證明，只需把分隔號函數用作唯一的邏輯常元，即可定義整個眞值函數邏輯。維根斯坦在此假定的是，類似的結果對無窮型的眞值函數邏輯同樣成立。

他的下一個任務是表明如何用 N 運算元解釋整個標準的弗雷格邏輯。這一任務理所當然分爲兩部分：解釋概括命題，以及解釋同一性命題。

概括性

在 5.52，維根斯坦用 N 運算元爲概括命題做出了說明。初看上去，他的說明非常簡單明瞭，但這部分討論的背後是他與羅素的一個重大分歧，由此可以解釋後文許多論述的緣由。假設我們想用 N 運算元表達一個概括命題，例如：「某

物是 f」（「$(\exists x)\,fx$」），那我們會這樣進行：我們把命題變元 ξ，規定為一個取值範圍是一切「fx」形式的命題的變元。我們把 N 運算元應用在變元 ξ 上，產生出一個命題，這個命題說的是形式為 fx 的命題都不為真，亦即沒有東西是 f。若對這個命題再做否定，我們就得到一個說某物是 f 的命題，而這即是所要的結果。類似地，要想得到全稱概括式（「一切都是 f」——「$(x)\,fx$」），可以對一個取值範圍是所有「$\sim fx$」形式命題的變元應用 N 運算元 [37]。

　　然而，羅素不止一次提出過這樣一個論證，它使羅素確信，概括命題無法歸結為真值函數來說明，而維根斯坦做出的說明正會因此而站不住腳 [38]。這個論證大體如下：假設

---

[37] 羅伯特・福格林（Robert Fogelin）反對這一點（*Wittgenstein* [2nd edn.; Routledge: London, 1987], p. 78），他說維根斯坦用 N 運算元可以解釋簡單的概括〔「$(x)\,fx$」或「$(\exists x)\,fx$」〕，但維根斯坦對命題一般形式的說明生成不了具有混合多重概括性的命題〔「$(\exists x)\,(y)\,f(x,\,y)$」〕。我們在此需要回想本書〈背景〉一章裡對弗雷格的討論。這些命題是有可能生成的，只是要經過一個雙階段流程。第 1 階段，我們用 N 運算元生成「$(y)\,f(a,\,y)$」、「$(y)\,f(b,\,y)$」、「$(y)\,f(c,\,y)$」……這些命題，接下來是第 2 階段，我們定義一個新的命題變元，其取值範圍是所有上述那些命題，然後把 N 運算元應用在這個變元上，得到「$(\exists x)\,(y).\,f(x,\,y)$」這個命題，再對這一命題取否定就是所要的結果了。福格林沒能得到這個結果，是因為他試圖經過一個單階段流程生成這類命題，而這樣做的確是行不通的。

[38] 例如：見 B. Russell, 'The Philosophy of Logical Atomism' (*The Collected Papers of Bertrand Russell*, vol. 8 [ed. John G. Slater; Allen and Unwin: London, 1986], pp. 164-65, 206-207).

我們想要歸結到眞值函數來說明一個概括命題，例如：「所有人都是會死的」。然後，假定湯姆、迪克和哈利即爲所有人，那麼做這種說明的唯一方式是把原命題當作一個合取式：「湯姆是會死的 & 迪克是會死的 & 哈利是會死的」。但這個合取式與原概括命題的等價性，只在湯姆、迪克和哈利即爲所有人的前提下才成立，而這一前提即使爲眞也只是個偶然眞理。因而這個合取式並非在邏輯上等價於概括命題，而我們爲了取得所要求的邏輯等價性，還需要補上一個子命題：「並且湯姆、迪克和哈利就是所有的人」。但這個子命題本身就是個概括命題，因此我們並沒有眞正把一個概括命題還原爲諸單稱命題的眞值函數。因此在羅素看來，在諸基本命題之外，我們還需要承認至少有一個無法分析的概括命題，並且有該命題須可應答的一個無法還原的概括事實。由此也可以解釋羅素何以有這樣一條意見，這是羅素讀《邏輯哲學論》時，最早向維根斯坦提出的意見之一：

> 同樣有必要給出這樣一個命題，即一切基本命題都已給出了。[39]

這裡的想法是，只用基本命題的眞值函數是無法說明概括命題的，從而在有意義命題的清單中，應至少增添一個完全概括的命題。

維根斯坦在答覆羅素時明確指出，這種增添既不可能，

---

39 Wittgenstein, *Notebooks*, p. 131.

也沒有必要：

1. 不可能做這種增添，因為沒有哪個命題能表達出某個基本命題集即為所有基本命題的意思。假設我們從某個基本命題集出發，不妨令其為 p、q、r，然後問一問我們能以此組建出什麼，由此設定我們運用這些資源能說出的東西的界限（4.51）。而我們能「組建」的一切，將是 p、q、r 的所有真值函數。至於 p、q、r 即為一切基本命題這一貌似斷言的說法，其本身並不是 p、q、r 的真值函數，因而是逾越了可言說的東西的界限——是一種胡說性質的嘗試，即嘗試說出某種只能由語言的工作方式顯示出的東西。

2. 沒有必要把某個基本命題集即為所有基本命題這一點增添進來。這裡我們需要記起在 2.021～2.0212 論證過的觀點，即對象「構成世界的實體」。《邏輯哲學論》的對象是不容置疑的，它們構成語言的存在所必需的前提條件，並且存在於每一個我們可想像的世界裡。那些對象又相應地定義了一個基本命題集，這些命題是同樣不容置疑的。語言完全是把一個對象集和由之而來的一個基本命題集視為給定之物，而語言既不能也不必說該命題集即是所有基本命題。這一點就是出現在本段討論中的 5.524 所真正要說的。

　　在 5.521，維根斯坦對比了他與羅素兩人對概括性的處理（他提到的是「弗雷格和羅素」，但他的論述與羅素在《數學原理》中的表述最為吻合）。這段第一句話強調了他採取的步驟：他把他對概括命題的處理分離成兩個不同的元

件，其中一個是概括性，另一個是真值函數。第一步，我們運用的是概括性觀念，運用的方式是定義一個變元，把它的取值範圍規定爲具有某種形式的一切命題，然後是第二步，我們應用 N 運算元，也就是把它當成一個單純的真值函數性質的運算元應用在那個變元上。對維根斯坦在後面兩段話中向羅素提出的抱怨，人們普遍有所誤解，這很大程度上是因爲維根斯坦此處的表述比較笨拙，使得許多人誤讀了他所說的「連繫在一起」（in Verbindung mit）。此處，維根斯坦其實是回到了我們討論 5.451 時考察過的一條抱怨。由於羅素沒有在記號上分離出概括性的兩個元件，即真值函數元件和表示概括性的元件，所以他不得不另行引入量詞，不得不把量詞作爲新的初始記號列於真值函數邏輯的記號之外。因而，羅素發現自己不得不爲包括了邏輯積與邏輯和的記號組合去引入量詞，於是造成了維根斯坦在 5.451 所察覺的費解之處。

同一性

接下來在 5.53～5.5352，維根斯坦轉而討論同一性。他在 1913 年給羅素的一封信中寫道：

> 同一性就是那個魔王，它無比重要：比我之前以爲的重要得多得多。**40**

---

40 Wittgenstein, *Notebooks*, p. 123.

維根斯坦把同一性視為「魔王」的根本理由很清楚。1913年，維根斯坦實際上已經想要歸結到真值函數來說明一切邏輯複合性，從而說明整個邏輯，但對於完成這項工作的可能性，同一性似乎提供了明顯的反例。一方面，等號看起來是邏輯中不可或缺的設置，比如說，表達「至多有一物為 f」這樣的命題要用到等號：$(x)(y)(fx \text{ \& } fy \supset x = y)$。另一方面，真值函數關係是命題與命題之間的關係，所以我們若想歸結到真值函數來說明所有邏輯裝置，就必須能把這所有的邏輯裝置都解釋為命題連結詞和運算。但是等號完全不像是命題連結詞，而像是某種關係的記號，而我們直覺上會為同一性（相等）做出的解釋，也的確會說同一性是一種關係，是每個對象只與自身才有而與其他對象都沒有的關係。因此，維根斯坦必須對同一性另作一種說明，並表明那種直覺性解釋只不過是假象。不過下文對同一性的說明並不是特設的，並非專為辯護他對邏輯做出的真值函數性質的說明而駁斥一個尷尬的反例。相反，他對同一性做出的說明，其實代表了一條哲學上有趣的思路，這種趣味並不依賴於《邏輯哲學論》展開論證時對它的運用。

維根斯坦先是在 5.5302 批判了羅素對同一性的說明：在《數學原理》中，懷特海和羅素設法用不可分辨者為同一的原理（the Principle of Identity of Indiscernibles）的某一版本來定義同一性。兩個對象被解釋為同一的，當且僅當二者的所有基本屬性相同——所謂基本屬性，就是可以用原子命題的真值函數來定義的屬性（《數學原理》中的原子命題，相當於維根斯坦所說的基本命題）。維根斯坦自己對同

一性的說明，是從拒斥上述說明方式入手的（5.5302）。他這裡的意思很簡單：考慮這樣一個命題集，其成員是所有包含名稱「a」且為真的基本命題，以及所有為假的基本命題的否定。把這些命題裡的名稱「a」統統換成名稱「b」，得到第 2 個命題集，其成員也是諸基本命題和基本命題的諸否定。現在，給定諸基本命題在邏輯上互相獨立，那麼，沒有什麼能防止第 2 個命題集和第 1 個同樣為真——或者說，這種可能性至少無法純憑邏輯而被排除掉。但是，如果邏輯上有可能讓兩個不同對象共用所有的基本屬性，那麼，如此對共同屬性的具備，就不能用作同一性的定義。羅素起初為這一批評所震動 **41**，後來又認為這樣批評是乞題的：如果他的定義正確，那麼兩個不同對象的基本屬性原不可能完全相同。雖然我認為這個答覆並不周全，但我們不會追索下去，畢竟對羅素的這一批評只是為更有趣的東西所做的預備工作，而這更有趣的東西就是維根斯坦對同一性命題的正面說明。

理解這一正面說明最合適的起點，是弗雷格的〈論意義與指稱〉（über Sinn und Bedeutung [On Sense and Reference]）一文。弗雷格在這篇文章裡提問，應當如何解釋這兩個命題的不同：「啟明星即長庚星」與「啟明星即啟明星」，這第 1 個命題宣告了一個有意義的天文學發現，第 2 個命題則是瑣碎的，儘管兩個名稱都指稱同一事物——金星。他回答說，每個名稱除了有個指稱之外，還必須認定

---

41 詳見他為《邏輯哲學論》寫的導言，《邏輯哲學論》第 16 頁。

它有個意義——其指稱的一種呈現模式。羅素和追隨羅素的維根斯坦都為這一回答作了進一步的釋義，他們說這類情況下，兩個名稱裡至少有一個是某限定性描述語的縮寫，從而例如上述兩個命題中的第一個，可以看作等價於「晨空中最亮的天體與夜空中最亮的天體是同一的」。這樣一來，每個有意義的同一性命題都可以這樣來看：命題的等號兩側之中，至少有一側，要麼是個限定性描述語，要麼可以視為一個限定性描述語的縮寫。

　　接下來，羅素在〈論指謂〉一文中提供了這類命題的分析，分析的思路如下。假設我們考慮這個命題：「司各特是《威佛利》的作者」。可以認為這個命題等價於：「司各特寫了《威佛利》；至多有一個人寫了《威佛利》；並且，任何寫了《威佛利》的人等於司各特」，即「$W(S) \& (x) (y) (W(x) \& W(y) \supset x = y) \& (z) (W(z) \supset z = S)$」。鑑於同一性的邏輯屬性，羅素放入的最後一個分句其實多餘，於是可以認為上述分析就是：「司各特是《威佛利》的作者」$=_{\text{Def}}$「$W(S) \& (x) (y) (W(x) \& W(y) \supset x = y)$」。這給了我們一種辦法來展示任何有意義的同一性命題所包含的資訊內容。然而初看之下，這似乎什麼也沒有達成，因為定義的左右兩側都用了等號，於是我們是在用同一性本身解說同一性了。但有一個重要的差別：不同於左側的是，右側的等號只出現在量詞轄域之內，夾在兩個變元之間。這意味著，我們只要能說明等號夾在兩個變元之間這一種用法，即可由此擴展到每一種等號用法的說明，這是因為每個有意義的同一性命題都能按上述思路予以分析，轉化為只出現那一種等號用法的命題。

　　維根斯坦所提議的，則是把等號的使用換成一條解讀量化公式中的變元所遵照的約定（5.532），按這一約定，不同的變元只允許做不同的代換。這就產生如下這類結果：我們不再能從「(x) (y) $F(x, y)$」推論出 $F(a, a)$，而只能推論出 $F(a, b)$。給定這一約定，則「司各特是《威佛利》的作者」可以簡單地分析為「$W(S)$ & (x) (y) $\sim$ $(W(x)$ & $W(y))$」，這時完全用不著等號了。通常以「(x) (y) $F(x, y)$」形式來表述的命題，按照新的約定將表述為「(x) (y) $F(x, y)$ & (x) $F(x, x)$」。這樣一來，如維根斯坦所說，顯式的等號就有可能省去了（5.533）。

　　若採取該約定，某些貌似命題的東西將無法得以表述，如「每一事物都同一於其自身」（5.534）。但既然已經主張，該約定是一種能表述我們平常用等號表述的每個有意義命題的記法，那麼這些貌似命題的東西由此就被揭露為偽命題——也就是胡說了。然而，那些若都是胡說，維根斯坦就提供了強有力的根據來支援他說同一性不是關係（5.5301）：假如等號是關聯運算式，維根斯坦在 5.534 中列出的命題就得是有意義的了。

　　但從當前上下文看，維根斯坦在 5.3s 對同一性的處理的重要性在於，他由此表明等號的存在不構成如下兩個主張的反例：一個主張是，每個命題都是諸基本命題的真值函數，而他與此相關的另一個主張是，我們只需用到 N 運算元，就能把每個命題表述為諸基本命題的真值函數。如何用 N 運算元表述量詞，我們是知道的：我們不過是對 N 運算元如何表述量詞的解釋略作調整，以便把讀解變元的新約定

併入其中。

內涵性

　　維根斯坦為命題的一般形式作鋪墊的過程中，最後要處理的話題是所謂的「內涵性」。一個命題作為元件在一個更大的命題裡出現時，這種出現常常顯得無法歸結為真值函數來說明。最常見的例子，來自用到心理動詞的命題，如「A 相信 p」。那麼這類命題對他的這一主張，即命題只作為真值運算的基底才出現在其他命題裡（5.54），不就構成反例了嗎？維根斯坦的答覆簡短到了晦澀的地步，不過他的想法還是相當清楚的。下面要展開來講的是，維根斯坦說「A 相信 p」具有「『p』說 p 的形式」這一點「很明顯」，到底是什麼意思。此處我們要想起他在命題 3 及其後文中對思想（thinking）的說明。維根斯坦認為，A 相信 p，在於 A 心中有一幅圖畫，即有一個表現 p 的命題記號。那麼他的主張其實就是，斷言 A 相信 p，相當於斷言 A 心中的命題記號——「p」——說的是 p。有人會說，既然「『p』說的是 p」在維根斯坦看來是廢話，那麼他這裡暗示的想法就很古怪了，似乎是說任何對某人持有某信念的指認都是廢話 [42]。但我們在此要想到記號與符號的區別（3.32）。如果我們說，A 心中的命題記號說的是 p，那麼這應比作如下情況：別人問我們，某一門外語裡的某個記號說的是什麼，我們回答

---

[42] 例如：見 Anthony Kenny, *Wittgenstein* (1973; rev. edn; Blackwell: Oxford, 2006), p. 80.

「這說的是『由此通向莫斯科』」──誰都會說這是一個簡單明瞭的經驗性斷言。只有在我們試圖說 A 心中的某個符號說的是 p 的時候，按照維根斯坦的說法，我們才是在胡說。

不過，要想展開說明「『p』說 p」為真在於什麼，如維根斯坦所言（5.542），關鍵是要把「p」中的名稱關聯到名稱所指的對象上，而不是把「p」本身關聯到什麼上去。從而，在對「A 相信 p」進行過充分分析後的形式中，命題「p」就不會出現了。這樣一來，只有在命題的表面形式中，命題「p」才出現為另一命題的成分。

維根斯坦此處的說法很粗略，也是極為綱領式的，但基本思想很明確，即便需要再做相當多的推究。我們一開始面臨的情況是，命題「p」彷彿是一個更大的命題裡的非真值函數成分，但既然在更大的命題經分析後的形式中，「p」總是會消失，於是對於維根斯坦的基本觀點，我們也就只有一個表面上的反例了。

唯我論與實在論

5.6我的語言的界限意謂我的世界的界限。

本節的結尾無疑是全書最難的一段。唯有這一處，不能把困難歸咎於維根斯坦本人：這裡的困難不是由於思想表達得太過濃縮，而是源於維根斯坦如下願望本身的困難，這一願望就是，他想讓我們看到某種他認為不可說的東西──亦即在他看來「唯我論者」所追尋的「真理」（5.62）。由於這一困難，下述解讀與我在本導讀中做出的多數其他解讀相比，

都更爲試探性一些。

第一個問題是：「這段講唯我論的漫筆，爲什麼安排在了文本的這個位置，安排在命題一般形式的技術性闡發的末尾呢？」回答是，維根斯坦之所以闡發命題的一般形式，其目的之一是以此隱含地設定「語言的界限」：命題的一般形式對何爲可言說的東西，做出了全面無遺的說明。任何據認爲是命題的東西，只要無法表示爲諸基本命題的眞值函數，就從語言中清除了，而清除的方式則是它根本不被囊括在語言之中。此形式即爲一般形式這一事實，顯示著語言的界限。

下一個問題是：「這裡的『唯我論者』指的是誰？」爲回答這個問題，我們需要考慮到維根斯坦的背景，考慮到他少年時對某種先驗觀念論的熱衷，尤其是對叔本華的熱衷 [43]。我們可以從康德在「範疇的先驗演繹」中的一段陳述講起：「『我思』必須能夠伴隨我的一切表象；因爲如若不然，在我裡面就會有某種根本不能被思維的東西被表象，這就等於是說，表象要麼是不可能的，要麼至少對我來說什麼也不是。」[44] 若不過多糾纏康德文本的詮釋細節，可以認爲這句話相當於說，就世界之爲我所關涉者而言，它必須能夠被表象在一個單一的意識中，受制於其爲我所經驗這一可

---

[43] 維根斯坦在寫 5.6s 各段時，一定是想到了一般認爲是叔本華說過的一句話：「人人都誤把自己視野的界限當作世界的界限。」

[44] I. Kant, *Critique of Pure Reason* (trans. N. Kemp Smith; Macmillan: London, 1929), B 131.

能性所需的條件。從這個意義上我們可以說，在康德看來，
「世界是我的世界」。康德接下來將會在〈謬誤推理〉篇中
主張 45，若以爲由此辨認出了一個作爲經驗之形而上學主體
的實項，就犯了推理上的謬誤，而實際上「我思想中所有的
只不過是意識的統一性」。到此爲止，上述想法聽起來很像
維根斯坦的想法，這只需我們把康德對於經驗之可能性條件
的關切，調換成維根斯坦對於在我的語言中表現世界這一可
能性的關切，於是「語言的界限意謂我的世界的界限」，同
時也得出「在一種重要的意義上不存在主體」（5.631）。

那麼康德與維根斯坦的不同之處在哪裡呢？歸根結底，
康德的界限是在認識論上設定的。當康德把世界看作我可以
對它做出客觀上爲眞或假的判斷時，他所想的是，這蘊含著
必定能有某種方式可以用來在經驗中得知我的判斷是爲眞還
是爲假。由於這點，他可以談論「揚棄知識，以便爲信念騰
出地盤」46。雖然我們的知識被限制在這樣一個世界，即就其
受制於經驗之可能性條件而言的世界，但對於就其本身而言
的世界，對於就其不受制於那些條件而言的世界，我們仍能
展開思辨。這意味著康德爲經驗之世界設定界限時，那些界
限是些眞正的限制。相反地，維根斯坦談論「語言的界限」
時，那些界限是由邏輯設定的，而在這裡，邏輯的空洞性就
充分顯出其效力了：如果所謂「世界自身」要與出現在我語

---

45 同上，B 399-432。

46 I. Kant, *Critique of Pure Reason* (trans. N. Kemp Smith; Macmillan: London, 1929), B xxx.

言中的世界形成對照，那麼這「世界自身」就會是一種胡說性質的觀念，即不合邏輯的世界這一觀念，而「我們不能思考我們所不能思考的東西；因而我們也不能言說我們所不能思考的東西」（5.61）。如此一來，「語言的界限」無論如何不是什麼限制了。康德可以說，先驗的觀念論相容於乃至蘊含了經驗性的實在論，然而維根斯坦會下結論說，嚴格貫徹的「唯我論與最純粹的實在論相重合」，以至於看待《邏輯哲學論》思想的觀念論視角與實在論視角所形成的對照，現在根本不復存在了。

✎**討論話題**

為了顧及存在無窮多個基本命題的可能性，本節有哪些論述需要加以修正？

討論維根斯坦與羅素在如下問題上的分歧：是否有可能完全歸結到真值函數來說明概括命題。

什麼是唯我論者所追尋的完全正確的東西（5.62）？

第6節 「真值函數的一般形式是：〔$\bar{p}, \bar{\xi}, N(\bar{\xi})$〕」

本節的開頭，維根斯坦陳述了他在上一節論證過的命題一般形式，陳述的方式是給出一個其值包含每個有意義命題的變元。他由此隱含地界定了「語言的界限」：任何貌似命題的東西，若能證明它不遵從命題的一般形式，就能由此揭露它是胡說——它逾越了語言的界

限。接下來，維根斯坦在本節審視了一系列語言使用
的情況，這是一些從上述立場出發初看上去成問題的
情況——而這些情況，維根斯坦或是指出會如何予以
容留，或是指出如何斥之為胡說。他所考慮的各種情
況依次是：6.1s，邏輯真理與邏輯謬誤；6.2s，數學命
題；6.3s，科學理論與因果命題；6.4s，價值陳述；以
及6.5s，形而上學和對世界整體所提出的說法，最終還
包括《邏輯哲學論》本身的句子。貫穿本節的主題乃是
6.37：「只存在**邏輯的**必然性。」命題的一般形式，既
然已詳盡闡明如何為命題的成真條件做出系統的說明，
那麼，它就沒有把絲毫餘地留給那些既必然為真而又提
出了關於世界的實質性主張的命題。

我們將主要關注維根斯坦對邏輯真的處理，以及命題的
一般形式對於形而上學探究造成的結果，這既是因為這
兩者與本書的整體關切最為接近，也是因為維根斯坦對
其他話題和倫理學講得十分粗略，至多提示了一些思
路。至於6.54牽涉的問題，則留待下一節考察。

前一節我們已經看到，維根斯坦把 N 運算元引入爲這
樣一個眞值函數運算元，即一個可用來規定一命題集之每個
可能的眞值函數的運算元。現在到了命題 6 這裡，他給出了
一個公式，該公式意在展示出如何僅用到 N 運算元即可把
每個命題由諸基本命題生成出來。這給了他「命題的一般形
式」——指出了如何可能把每一個命題，都作爲諸基本命題
的眞值函數系統地生成出來。他也由此設定了「語言的界

限」（參見 4.51）：命題 6 給出了命題的一般形式，因而任何貌似命題的東西，若無法分析成合乎命題 6 的形式，都將被揭露爲胡說。

在本節，他會審視語言的現象，剖析一系列從命題 6 的角度來看，似乎有這樣那樣問題的情況。這些情況下，他將或者指出那些命題該如何容留下來，或者指出我們所處理的語詞形式只在表面上像個命題，實則並非用來說出某種爲眞或爲假的東西，或者把貌似命題的東西揭露爲徒有其表，實則不過是胡說的語詞串而已。但初看他似乎做不到這些，畢竟命題 6 只涉及命題經過充分分析後的樣子，至於分析本身該怎樣進行，維根斯坦很清楚他自己一無所知。而給定一個命題，除非我們知道該怎樣著手分析它，否則我們該怎麼知道它經過分析後是否合乎命題 6 所述的樣式呢？回答是，我們可以有間接理由認定，我們無法使某個給定的貌似命題的東西合乎那種樣式。其中最簡單的理由是，命題 6 沒有把絲毫餘地留給實質性的必然眞理——而唯一一類能作爲諸基本命題之眞值函數而生成的必然的東西，是邏輯學的空洞眞理，這類眞理我們會在 6.1s 予以考察。維根斯坦在本節審視的命題固然多種多樣，但按照直觀的理解，這些命題都像是就世界提出了若爲眞則必然爲眞的斷言，同時又不像是空洞的重言式。貫穿本節的一條主線從而就是維根斯坦在 6.37 所說的：「只存在邏輯的必然性。」

不過，在具體查看維根斯坦接下來要評論的各種命題之前，我們得先看一看命題 6 本身。遺憾的是，維根斯坦對命題 6 的陳述很是出了些疏漏。結果，評論者浪費了大量

時間，要麼努力讓他這裡的講法原封不動地奏效，要麼爭辯說，既然無法原封不動地奏效，維根斯坦整個命題的一般形式的觀念就說不通了。其實，發現他犯的錯誤並予以糾正，是相對簡單直接的做法[47]。

維根斯坦此處提出的記法，本意是用作一個「形式序列」的記法，而對「形式序列」這一概念，他在 4.1273 做過非形式的解說，在 5.2522 又做了顯式的解說。他在 5.2522 做出的說明，對他在 6.03 援引的自然數的解釋是完全有效的：〔0, ξ, ξ+1〕這一公式產生出序列 0, 1, 1+1, 1+1+1, ...，而公式的第 2 項和第 3 項給出了從某個數推進到這個數的後繼的規則。然而，當他在 5.2521 引入運算概念時，他說：「在類似意義上，我談論多個運算在一些命題上的連續應用。」這個擴展雖然只是順便提到，但它對維根斯坦的目的十分關鍵，因爲他的主要運算元—— N 運算元——的全部要義，就在於這個運算元並不只用在單個命題上，而是用在一整組命題上的，即便這一整組命題有無窮多個。這就是爲什麼維根斯坦不能把 N 運算元定義成是應用在單個命題上以產生一個命題，而必須定義成應用在一個命題變元上以產生一個命題。然而維根斯坦所忽略的是，這意味著他的形式序列記法不是爲應對這種運算而設計的。命題 6 的公式實際

<hr/>

[47] 實際上，羅素在他為《邏輯哲學論》寫的導言裡，對於維根斯坦本來該有的說法作了令人滿意的非形式的闡釋。他暗自改正命題 6 的原文的同時，還圓融得體地說：「維根斯坦先生關於他的符號系統的解釋，沒有在原文中充分地展開。」

上完全說不通。既然該記法的本意是向我們解釋一個可反覆運算的過程，它本應當給我們一條規則，使我們能從序列中一個命題推進到下一個命題，而在得出的命題上再次應用同一規則，又應當能產生出第 3 項。但這不是維根斯坦記法所做的事情：這種記法反而是給了我們一條從一個命題變元推進到一個命題的規則。因而，一旦用了這條規則，我們就不能把同一條規則簡單地套用在運算結果上，而不得不分步進行下去：先規定一個命題變元，其取值範圍是某個已知命題的集合；然後對這個命題變元應用 N 運算元，產生出一個新命題；再規定新的一個命題變元，其取值範圍是你現在知道的命題的某一集合，以此類推。而這個流程根本沒有直截了當的方法化歸為維根斯坦在命題 6 所設想的簡單的形式序列。他所需要的，反而是對命題概念的遞迴定義，類似這樣：

1. 如果 p 是基本命題，那麼 p 是命題。
2. 如果 ξ 是取命題為值的變元，那麼 $N(\bar{\xi})$ 是命題。
3. 所有命題均由 (1) 和 (2) 給出。

維根斯坦在 6.001 為命題 6 作注說，每個命題都是 N 運算元在諸基本命題上連續應用的產物。如果說這一思想未能由命題 6 處理妥當，那麼上述的遞迴定義其實可以處理妥當。其基本思路是：首先我們有諸基本命題；接下來把 N 運算元應用到基本命題組成的種種集合上，形成一個新的命題集；把這一集合增添到原來的基本命題集中，然後重複整個過程，直到生成諸基本命題的所有真值函數。如維根斯坦

在 5.32 所提示，這可以在有限的步數中完成 **48**。

　　就這樣，遞迴定義完成了維根斯坦的命題 6 意在完成但未能完成的任務。這一定義把語言呈現爲一個讓每個可能的命題都會在裡面找到位置的系統，而該系統中設爲給定的是諸基本命題，並且只用到一個眞值函數運算元。既然該系統將會包含每一個可能的命題，它由此就隱含地設定了「語言的界限」：任何不在該系統內生成的東西將無非是胡說。

　　也可以說，遞迴定義完成了命題 6 或許曾想完成的幾乎所有任務：它只是沒有在一個簡單的線性序列中生成每一個命題。但我們很難看出如此生成的可能性應當具有何種哲學意義。況且，如果要顧及存在無窮多個基本命題的可能性，那就無論如何也不可能把諸基本命題的所有眞值函數排入一個線性序列中了：這些眞值函數根本就是太多了。

「全部的邏輯哲學」

　　接下來，維根斯坦把話題先轉向邏輯命題的本性和地位，這時他在 6.1 宣稱，邏輯命題是重言式。其實促使維根斯坦進行探究以至最終完成《邏輯哲學論》的一個出發點，就是他不滿於弗雷格尤其是羅素對這一問題的回答。

　　　「重言式」對於定義數學的重要性，是我以前的學生路德維希・維根斯坦向我指出的，當時他正在研究這個問

---

48 實際上所要求的步驟很少：重複到第 4 遍之後，每個眞值函數都會出現。

題。筆者不知道他是否已經解決了這個問題，連他現在是生是死也不知道。**49**

羅素曾把邏輯真理刻畫成既為真又完全一般性的命題。這指的是毫無特殊內容，且除了邏輯常元與變元以外什麼都不包含的命題，例如：「$(\exists x)\ (\exists y)\ (\Phi)\ (\Psi)\ (\sim\ (\Phi(x,\ y) \supset \Psi(x,\ y)) \supset\ \sim\ (\Psi(x,\ y)))$」。這樣一個命題只要為真，就會是一條邏輯真理。對這種刻畫邏輯真的方式，維根斯坦回以清晰而無反擊餘地的駁斥（見 6.1231～6.1233）。一方面，我們沒有理由說，不會存在完全一般性卻又偶然為真的談論世界的命題；另一方面，也可能有一些命題，既關乎某一特殊題材，又能像「完全一般性的」命題一樣算作邏輯真理（「並非既在下雨又不在下雨」）。這就要求對一個命題之為邏輯真理在於什麼的問題，完全提出另一種具體規定——這種規定要解釋邏輯真理為何必然為真，要解釋我們為何能先天地知道邏輯真理，還要解釋邏輯真理之必然而先天可知的地位為何不成問題。維根斯坦提出，這樣一種具體規定應當取自重言式的概念：「重言式」這一術語是他從修辭學借來的，表示一個完全空洞的說法，一個什麼也沒說出的命題。邏輯命題的必然性與先天地位，正是憑這類命題完全的空洞性，憑其無法給予我們有關世界的任何資訊這一點換取的。這個具體規定很容易論證。如果邏輯命題是必然而先天的，那麼，這

49 B. Russell, *Introduction to Mathematical Philosophy* (Allen and Unwin: London, 1919), p. 205.

種命題無論世界如何都爲眞。但如果無論世界如何——無論有何種事實——這種命題都爲眞,那麼,這種命題就不會告訴我們有關世界的任何狀況,同時也不需要有特殊的「邏輯」事實來使其成眞。這種命題實際上是命題的退化情況,是符號體系的一部分,但抽空了一切內容。值得注意的是,維根斯坦把邏輯眞理作爲重言式來刻畫,這似乎先於他歸結到眞値函數去說明重言式:退化的眞値函數(即命題集的一個這樣的眞値函數,無論如何指定命題集中各命題的眞假値組合,它一概爲眞)這一想法,是維根斯坦用來充實他原本的想法——邏輯命題之空洞性的。

以此爲背景看,6.1s 的核心思路就很明白了。實際上,維根斯坦闡發這條思路時嚴重地誤入歧途,邏輯學後來的發展也表明他 6.122 中的說法明顯有誤。這裡就是維根斯坦的盲點——未能領會有限與無窮情況的根本不同——造成其最嚴重後果之處。結果,許多評論者由此斷定,他對邏輯的整個說明必定依照了錯誤的思路,所以我們必須摒棄按眞値函數把邏輯眞理解釋爲重言式的思路,另去別處尋覓一種合格的邏輯理論。但這樣回應太過於簡單化。雖然 6.122 的錯誤很嚴重,也嚴重影響了維根斯坦後面的某些論述,但本節的主要論證仍完好無損:無非是維根斯坦從中得出的結論過於草率而已。

他在 6.113 宣稱,邏輯眞理的特別之處在於可以從符號本身看出它爲眞,而這一點本身「包含了全部邏輯哲學」。這一點的論證思路如下:邏輯命題是必然爲眞的。這就是說,這些命題是無論世界怎樣都爲眞的。因此,搞清楚邏輯

命題是否為真，必定毫不涉及查看世界（參見 5.551）。一條邏輯命題與實在並不形成表現關係：它與實在的諸表現關係「互相抵消了」（4.462）。既然如此，邏輯真理如果仍能為真，則必定是由於邏輯真理成真的方式使得確定其為真不涉及查看命題之外的東西。而要讓這一點成立，只有命題本身的構造方式保證了命題的真值才行：因此，表達邏輯命題的符號本身必須包含用來確定命題真值的一切資訊。這一點在我們的日常語言裡可能是掩蓋著的，而「從日常語言中直接集取語言的邏輯乃人力所不能及」（4.002）。但是，假如我們構造一種「由邏輯語法——邏輯句法——所統轄的記號語言」（3.325），命題的邏輯形式就會展現到表層上，命題所包含的成真條件就會得以明述。而這意味著「若採用一種合格的記法，我們僅靠查看命題，就能認識到命題的形式屬性」（6.122）（應當留意，他沒有說自己找到了這樣一種記法，尤其沒有說 N 運算元記法是這樣一種「合格的記法」）。

唯獨在這條思路的最後一步，維根斯坦犯了錯誤。對於「重言式中不出現量詞的情況」（強調來自筆者），他在 6.1203 以一種格外笨拙的命題邏輯記法予以闡明 [50]，這種情

---

[50] 之所以用這種笨拙的記法，原因在於 6.1203～6.122 其實是從 1913 年 11 月寫給羅素的一封信裡的材料（見 Wittgenstein, *Notebooks*, pp. 125-29）重新加工而來的。這就是說，此處這些想法的產生時間，遠早於《邏輯哲學論》其他地方給出的那種簡潔明瞭得多的真值表記法。

況下僅靠審視記法本身,即可看出一個命題是不是重言式。可是在 6.122,他沒有再作論證就又宣稱,他對「重言式中不出現量詞的情況」所闡明的觀點,必定能相當一般性地成立。

然而,阿隆佐‧丘奇在 1936 年證明,一旦進展到謂詞演算——包含了具備混合多重概括性的公式(形如 ($\exists x$)(y)……的命題)的邏輯系統——那麼,這樣的演算沒有判定程式可用,沒有普遍適用的演算法能用來判定一條給定的公式是不是邏輯眞理。很明顯,若用維根斯坦提議的「合格的記法」來描寫命題,並審視所得的命題記號,這正好會構成那樣一種判定程式。如此一來,我們該怎麼說呢?6.122 很明顯不再能成立了。在維根斯坦此處一連串的想法當中,我們只好擇路而行,多加小心。對他這裡的說法,要分清哪些部分仍有很強的說服力,哪些部分必須斷然拒斥。

丘奇定理(Church's Theorem)是不影響這一基本想法的:就一條邏輯眞理而言,既然查看世界的狀況與確定其眞值並不相干,那麼命題本身必定包含確定其爲眞所需要的一切資訊。這條定理也不影響下一步,即我們可以用一種一覽無餘的記法描寫命題,把命題的成眞條件展現在外表上。我們甚至有可能會說,若用這樣的記法,某一邏輯命題之爲邏輯命題這一點,會由命題記號展示或者說顯示出來(6.127)。維根斯坦忽視的是,他一旦顧及了存在無窮多個基本命題的可能,也就要顧及對無窮域施加量化的可能。而我們的命題如果包含了多個在無窮域上施加量化的量詞,那麼即便最一覽無餘的記法,或許也無法以我們能遍覽的形

式，展示出某一給定命題是重言式的資訊。所以即使我們仍然說，一個重言式顯示出自身是重言式，它也可能不會以我們能認出的形式來顯示：該命題是重言式這一事實，也許我們根本沒有任何辦法能夠探明。這意味著，至少就「顯示」概念的這種用法而言，不能把「顯示」看作一個簡單直接的認識論概念。

維根斯坦這裡最後對準的一個靶子在 6.127。這也許是維根斯坦認爲弗雷格持有的一種看法。按這種觀念來看，存在著基本的邏輯眞理——邏輯公理——而如果一個命題是按照邏輯法則從公理推導出的定理，則該命題也是一條邏輯眞理。但是按維根斯坦的想法，並不存在一組享有特權的邏輯眞理或公理。一切邏輯眞理之爲邏輯眞理的方式都一樣，都在於其作爲基本命題的退化的眞値函數。此外，依照這種認識，每一條邏輯眞理，只要以適當的記法來表達，命題記號本身都包含了保證其眞値所必需的一切資訊，因而它獲得邏輯眞理的地位，不是憑著它能從自身之外的什麼東西推導出來的。

在這裡，我們又一次碰到了丘奇定理引起的困難。我們可以把 6.1265 這條論述看成是一個半眞半假的說法。如果它的意思僅僅是，一條邏輯眞理自身包含了確定其眞値所需的一切資訊，而不是把它從其他命題的可推導性用作其爲邏輯眞理的標準，那它完全是成立的。可是，如果把「證明」自然地理解爲一個認識論概念，意味著我們總能靠「計算出符號的邏輯屬性」（6.126）來判別一個命題是否邏輯地爲眞，那我們現在就知道這是錯的了。這就意味著，至少就其

爲認識論工具而言，公理系統也許不像維根斯坦宣稱的那樣可有可無。

我們此番考察維根斯坦對邏輯學的處理，收尾處應該考慮這樣一個問題：「維根斯坦爲什麼在很早的階段就如此確信，必定有某種記法可以使我們在每一種情況下都能判定一個命題是不是邏輯命題？」如果我們只說維根斯坦在寫《邏輯哲學論》的時候這樣想很自然，說我們只是從後來者的眼光看才對他有這種想法感到驚訝，那麼我們說得就不夠到位，沒有解釋維根斯坦爲什麼堅持說那必定是可能的。我認爲，他的眞實想法透露在心智哲學中的問題上。他在 4.024 說「理解一個命題，就是知道如果它爲眞，則實際情況如何」。而他對這一點的詮釋似乎是認爲，要理解一個命題，不管怎樣，總得把那些爲使命題成眞則必須實存的情形在心裡過一遍。如果你那樣想，那你很自然會認爲，既然無需什麼東西實存即可令一個重言式爲眞，那麼凡理解這個命題的人，都應該能徑直看出它是個重言式。所以，犯下維根斯坦在此犯下的錯誤（以及另一個錯誤，即邏輯中不該有「令人吃驚的東西」〔6.1251〕），也就可以理解了。

「數學命題是僞命題」

維根斯坦在 6.2s 這幾段中討論數學命題，在此他想到的似乎主要是算術和數論。他這裡的說法，看上去出人意料地粗略而不周全，若要構成一種切實的數學哲學，還需要對他的論述做很多補充完善。

命題 6.21 是一個恰當的起點。否認數學命題表達思想

的理由在於，思想是事實的邏輯圖畫（命題 3），而在世界是事實的總和這種「事實」的意義上，存在著數學事實的想法是看不出有什麼意義的。而如果一個命題之為有意義，在於它須對事實做出應答，那麼數學命題就不是有意義的命題了。尤其再考慮到 6.2 開頭那句話，我們可能會因此預料，維根斯坦擁護某種「邏輯主義」——算術真理是偽裝的邏輯真理這一主張，而就維根斯坦而言，這又歸結為算術真理是重言式的主張。然而在 6.22，他明確區分了重言式與「數學中的等式」。因此，我們要看看他怎麼論述「等式」。

等式固然在數學中普遍存在，但維根斯坦這裡的說法根本不能一般性地成立：數學斷言當中，同樣普遍存在著本身不是等式，也無法顯而易見地轉化為等式的實例，這種實例我們可以舉出很多——比如歐幾里得斷言存在無窮多的素數，更簡單的還有「$2^{10}>1000$」這樣的不等式。如果要把維根斯坦的說法轉變為一種切實的數學哲學，這裡就是需要對他的論述加以補充完善的第一處關鍵點。有待表明的是，如何對等式的說明加以擴展，以說明如何處理數學中並非等式的斷言。

下面，我們需要考察維根斯坦這裡對「等式」本身是怎麼看的：要想弄懂維根斯坦的說法，很重要的是要明白，他說的等式（Gleichung）不是簡單地指「司各特是《威佛利》的作者」這類同一性命題。同一性命題在維根斯坦看來無疑不是「偽命題」，而是十足有意義的命題，可以用羅素的描述語理論加以分析，其思路曾在上文講到他在 5.53～5.534 對同一性的處理時連帶考察過（當然我們可以說，按

維根斯坦的說法，這些命題只在表面上像是同一性命題，一經分析，則其眞實形式完全不是同一性命題的形式）。要理解維根斯坦說的「等式」指什麼，我們需要回頭參看4.241～4.242。維根斯坦在那兩段把等式描述爲「表現手段」，而這一描述語，正是我們解讀維根斯坦提出的「等式是『僞命題』」這一說法時需要弄懂的。

　　維根斯坦把等式說成「僞命題」，很可能讓我們不禁覺得他這是在誇大其詞，是在說等式是胡說性質的。但那不可能是他的本意，姑且不論數學是胡說這一說法本身多麼嚴重地有悖直覺。而那之所以不可能是他的本意，正因爲他接下來要爲等式分配一個重要角色，一個在我們與世界打交道的過程中扮演的角色。等式也被說成是「顯示了世界的邏輯」，而這是胡說性質的命題從來做不到的。維根斯坦的意思想必是，等式雖有命題的表面形式（即等式是以陳述語氣表達的），但其實沒有眞假可言，在我們語言中所具有的完全是另一種功能。那種功能是什麼，前文 4.241 已經提示過。在那一條裡，他著意於解釋他如何用等式表述他的定義，而定義被他注釋爲「處理記號的規則」——即是說「$a=b$ Def.」是一條准許我們把「a」代換成「b」的規則。數學中的等式當然不是定義，或者說不全是定義，但我們可以從他前文的論述中做出推斷，以弄懂他在當前上下文中說的「僞命題」的意思。定義通常以陳述語氣表述，因而具有命題的表面形式，但又不是有眞假可言的命題：它只是給我們一條使用記號的規則。定義是一條規則的表述而不是命題，就類似於象棋規則裡出現的「國際象棋中象只能沿對角線方向

走」這句話，並不是憑象的走位而成眞或成假的命題，而是表述了一條規則，這條規則告訴你下棋時允許怎樣走象。所以定義是爲操縱記號而制定的規則，推而廣之，數學裡的等式也是如此。照此說來，「7+5=12」被看作這樣一條規則，它准許你在命題裡出現「7 + 5」的時候把它代換成「12」。所以，從「這裡有 7 本書，那裡有 5 本書」這一命題，可以推進到「這裡和那裡共有（7+5）本書」，這時候上述等式准許你把這句話改寫爲「這裡和那裡共有 12 本書」。

　　此處維根斯坦這些論述的實質含義是，在他看來只存在應用數學或至少是可應用的數學。數學中的等式顯示出了如下可能性，即我們有可能憑藉剛才示例的種種對記號的操縱，把一個經驗性命題從另一個經驗性命題推論出來，而唯在其扮演這一角色的限度上，等式才終究有其意義（6.211）。

科學中的必然性

　　在 6.3s 中，維根斯坦主要討論自然科學，但也涉及意志（6.373）等問題上的思維方式。把本節統一起來的一點是，維根斯坦所處理的都是這樣一些地方，我們日常的前哲學思維會在這些地方有一種固有傾向，傾向於在科學等問題上談論邏輯必然性之外的種種必然性。而貫穿這段討論的主題是：

　　6.37 只存在邏輯的必然性。

寫下 6.36311 時，維根斯坦想到的大概是休謨（「我們並不知道太陽明天是否會升起。」），下文很多說法也令人聯想起休謨。然而，維根斯坦對科學與因果性做出說明時，所依據的理由截然不同於能在休謨那裡找到的任何思想。具體來說，為 6.37 本身提出的辯護是圖畫論（參見 2.225）連同隨之而來的對邏輯本性的反思，這一反思我們在本節前面的部分曾考察過。

維根斯坦這幾段的核心主張，可以劃分為以下 3 個階段：

科學中的「形而上學」原理

他先考察了某些公認為科學所預設的高度抽象的原理，如因果律和守恆律。他這裡的做法（6.32～6.36）可以看作在廢除康德的先天綜合知識，或者至少是廢除康德在「經驗的類比」中論證為先天綜合真理的那類原理[51]。維根斯坦與康德的分歧，不在於維根斯坦認為這些原理是不真的抑或不是先天可知的，而在於他認為這些原理其實是空洞的，沒有告訴我們世界是怎樣的——這些原理實屬「純邏輯的東西」（6.3211）。若把守恆律保留在純抽象層面上（「每次變化之中都有某種東西是守恆的」），那麼在維根斯坦看來，它就不會告訴我們世界是怎樣的，而只告訴我們，任何可能的科學理論會有怎樣的形式（6.34）：每個科學理論都包含某種守恆律，而如果我們允許把何物守恆的說明變得足夠複

---

[51] Kant, *Critique of Pure Reason*, B208 ff.

雜，那麼總有可能依此形成某種科學理論。而只有當我們引入進一步的要求，要求對何物守恆的問題應當有可能做出簡單的說明時，我們才開始就世界做出實質性的斷言。

簡單性

這時候觀點如下：維根斯坦所說的是，因果法則存在這一抽象說法，可以與我們能想像的任何可能世界相協調（6.362）。然而科學方法（即歸納法）的關鍵，在於發現與經驗相協調的一組最簡單的法則（6.363）。不過歸納推論不是演繹有效的。因而維根斯坦會得出結論說，與經驗相一致的最簡單法則即真法則這一假定，並不能從邏輯上予以辯護，他還會學著休謨說，對歸納法的信從只能從心理上予以辯護（6.3631）。

科學解釋

維根斯坦在 6.371 把自然法則對現象做出「解釋」的想法描述成一種假象。我們該如何看待自然法則——比如牛頓運動定律這樣的法則呢？我們一方面有牛頓以自然法則之名而提出的說法，另一方面則有一份按諸基本命題的真值函數做出的長篇描述，這些真值函數描述了時空中所有物體的所有特定的運動，在這種情況下我們可以想像，經檢驗可知，所有這些特定的運動的確都服從牛頓的說法。那麼，上述兩者的不同之處是什麼？我們自然會回答，法則解釋了我們遇到的所有特定的運動。但依照我們所考慮的說明方式，這純屬假象。一旦把牛頓定律按命題的一般形式來分析，就可看

出它不過是換一種措辭來表述那龐大的真值函數以混沌形態
呈現出的內容而已。兩者的差別將只在於牛頓的版本可以為
我們所掌握，此外別無不同（參見 6.361）。

倫理與價值

在 6.4s 這幾段裡，維根斯坦轉而討論倫理問題，以及
更一般層面的價值問題。我在此強烈建議讀者通讀《筆記》
自 1916 年 7 月 14 日起到書末的條目。[52] 與其說讀這些條目
能澄清《邏輯哲學論》本身的觀點，不如說關鍵在於，這些
條目見證了維根斯坦在對兩種明顯難以調和的關切進行努力
彌合時，做出了何等竭力的掙扎。一方面，《邏輯哲學論》
的核心論證似乎導向某種倫理虛無主義；可另一方面，維根
斯坦又想充分嚴肅地對待倫理、價值和宗教的問題。他得出
的觀點難於解讀，而他是否成功達到某種融貫的見解，也仍
是有疑問的。

最開始的「否定性」主張，即不可能有倫理命題
（6.42），是相對容易理解的：這裡表述的是休謨的直覺，
即無法從「是」推出「應當」，並把它轉譯到了《邏輯哲學
論》的框架中。假設我們知道了一切事實，知道了每個基本
命題的真值，這仍不會以任何方式規定我們應當怎麼做。包
括在這「一切事實」中的會有人類心理、人類福祉等方面的
事實，此類事實殊不少於其他事實。然而，命題旨在做的事
情，正是陳述事實，而陳述事實是命題的一般形式唯一准許

---

52 Wittgenstein, *Notebooks*, pp. 76-91.

我們用命題性語言做的事情。

　　然而，維根斯坦明顯不願只停留在這個否定性結論上，因為接下來，他就把命題說成是表達不了更高的東西，把世界的意義說成是處在世界之外。但這些說法能帶有什麼意義嗎？這情況彷彿是維根斯坦在 5.6～5.64 拒斥了先驗觀念論之後，現在想要恢復其原狀，想要把倫理的東西設定在意志中，但不設定在「作為一種現象的」意志中（6.423）。這極容易讓人想到康德「對本體概念的積極運用」。請看《筆記》的這幾段：

> 思維的主體無疑純粹是幻象。可是意欲的主體是存在的。
>
> 假若沒有意志，也就不會有世界的中心，不會有這我們稱為自我，稱為倫理之事的承擔者的東西。
>
> 本質上，善的、惡的都是自我，而不是世界。
>
> 自我，自我是那深深的奧祕。[53]

如果說這是一種先驗觀念論，那麼維根斯坦把自己置於的境地就比康德還要危險了。康德的本體世界超出了知識之所及，而沒有超出思維之所及；但維根斯坦的界限之外沒有任何說得上是事實的東西，對界限之外的東西的談論，根本就是胡說。

---

[53] Wittgenstein, *Notebooks*, p. 80.

哲學問題

　　到了 6.5s，維根斯坦最終談起通常認爲屬哲學分內之事的一組問題。也就是說，看起來有某些問題一方面極爲重要，但同時我們又發現，沒有哪種科學探究對於回答它們有何相干：就算一切可能的科學問題都得到解答，就算每個基本命題的眞値我們都知道，這些問題仍會存在。

　　6.5如果解答是無法表述的，問題也就是無法表述的。

鑑於命題的一般形式把每一個命題都作爲諸基本命題的眞値函數給出了，那麼就不可能有哪個命題，能解答一個沒有從諸基本命題的任何眞値函數得到解答的問題。因而 6.5s 的主旨似乎完全是否定性的。像邏輯實證主義者後來會說的那樣，維根斯坦似乎是在說，對「人生的意義是什麼？」之類的問題，唯一能做的就是揭露其無意義性。因此我們當即摒棄了所有這類探究。

　　不過事情沒有這麼簡單。因爲探討到中途又有這樣一句話：

　　6.522當然有不可說的東西。它顯示自身；它就是神祕的東西。

假如沒有這一條，這一連串論述看上去就會是一個接一個的否定，而插進這一條則提示出，把 6.5s 完全讀作破斥也許

不是維根斯坦的本意。另外的讀法至少是可能的。比如，當維根斯坦說，人生意義問題的解答是從該問題的消失中看出來的時候，乍一聽他彷彿只是在說，「人生的意義是什麼？」根本是蠢問題，實際上是胡說性質的問題，而這一點你如果能認識到，問題就不會再攪擾你。但他在這裡又談到「看清了人生意義的人」，這無疑暗示他們看到了某種東西，而且是比「這是個蠢問題」更多的某種東西。依照這種解讀，這些人看到的是某種無法訴諸表達而只顯示其自身的東西，以至於他們所學到的就有認識到自己說不出自己看到了什麼這一條。人生意義問題誠然是胡說性質的，但對這一問題的追問行為本身流露出一份真誠的智性憂慮，一份無法通過給出問題的直接解答來平息，而只能透過看到某種無法訴諸言語的東西來平息的憂慮。

　　如果這是維根斯坦的本意，那麼至少就其適用於人生意義等問題而言，難處在於弄明白該由什麼去顯示那不可說的東西。維根斯坦前幾次用到顯示／言說之分時，他關心的是我們語言的工作方式顯示了什麼，以及我們對語言的掌握在何處顯示出我們都默會地察知那得以顯示的東西。而我們很難看出，在當前語境中是什麼替換了我們對語言的掌握。[54]

　　但也許維根斯坦確實只希望讀者完全把這些段落讀作否定性的。這些段落最終把我們帶向吸引了最多關注的一段

---

[54] 維根斯坦在多次談話裡都說起過詩人，說詩人顯示了不可說的東西。但這樣來使用顯示的概念，似與之前的邏輯學說相去甚遠，而那些邏輯學說才是本來指引他劃出顯示／言說這一區分的。

話。維根斯坦在 6.54 很出名地宣稱，任何理解了他的人，最終都會認識到《邏輯哲學論》裡的命題本身是胡說。這一自相悖謬的說法是近年爭論的焦點，而圍繞這段話的討論大多集中於如下問題：「維根斯坦這裡的說法，對整部《邏輯哲學論》的解讀會有怎樣的牽涉？」我們會把最後一整節的篇幅用於考察這個問題可能有的解答。下面我們將把引導維根斯坦作此驚人之語的那一類考慮，從該書前面各部分當中收集出來，以此爲本節收尾。

語言之可能性的條件

　　我們也許一開始是把維根斯坦的《邏輯哲學論》當成一項先驗探究，所探究的是如下問題：「語言是如何可能的？」，而這又至少部分地被解讀爲另一個問題，即「世界必須是怎樣的，才可使它能用語言來描述？」（參見如 2.0211 等段落）若從這一角度去理解《邏輯哲學論》的旨趣，我們會立刻陷入一個頗爲顯見的困境。不妨假設我們最終研究出這樣的結論：但凡要使世界有可能用語言來描述，世界就必須是如此這般的（一個可描述的世界必須是一個 p、q、r 在其中必須爲眞的世界）。把這一點說出來會直接導致矛盾，因爲這時我們能組成如下描述語：「p、q、r 中至少有一個在其中爲假的世界」，而依假設，這句話會描述一個不可描述的世界。

語言與世界之間的「匹配」

　　《邏輯哲學論》關注語言關聯於實在、「直接觸及實

在」（2.1511）的方式，正是這種方式使得我面前的特定情形能讓特定命題「p」成眞。我們希望做到的是，以適當的方式描述我面前的情形，以使這一情形匹配於命題「p」這一點得以彰顯。然而，要想指定使某個命題成眞的事態，我們沒有別的辦法，只能正好用到我們用來表述「p」本身的同一組詞語（或者邏輯上等價的一組詞語）。

　　當我們談起「拿語言與實在作比較」時，我們談的是我們學語言時學會的某種東西，談的是由我們在實踐中拿命題與世界做比較的方式所顯示的某種東西。但是，對於我們設法證實一個特定命題時期待的那種關聯，無論怎樣嘗試在語言之內做出有所揭示的描述，都註定會失敗。

形式概念

　　我們之前考察 4.26 時，曾考察過維根斯坦對區分開形式概念（對象、數等等）與正當概念的堅決要求，以及他由此做出的推論（4.1272），即我們不能像使用「……是一張桌子」之類眞正的謂詞一樣，把「……是一個對象」當作一個等量齊觀的謂詞來使用，而但凡試圖這樣使用，結果就會是胡說。然而，作這個區分的時候，維根斯坦發現他自己不得不觸犯自己設下的禁令。諸如他在 4.126 提出的說法，一經反思，都按其自設的條件成了胡說。

「6.37……只存在**邏輯的**必然性」

　　命題一般形式所容許的必然眞理只有一類，這就是空洞的重言式。而《邏輯哲學論》本身的各種說法，既難以視爲

依何種事態組合存在而成眞或成假的偶然事實性的東西，也難以視爲空洞的重言式。這些說法看來是作爲必然的先天眞理提出的，因此不屬於命題一般形式所轄的範圍，因而是胡說。

絕對一般性的斷言

假設我們從基本命題 p、q、r 出發，組成了這些命題的所有眞值函數。如果這三個命題是我們唯一可支配的語言資源，這就給了我們可言說者的界限。給定那些資源，我們將沒有辦法表達 p、q、r 是或不是一切基本命題的想法。這意味著，如果命題的一般形式即如上所述，我們就無法構成這樣一個命題，一個相當於說出了某一給定命題集是一切基本命題的命題。與此類似，我們將無法說出某一對象集是一切對象，無法說出某一事實集是全部事實，就此而論，也將無法說出命題的一般形式是命題的一般形式。但是，如果維根斯坦想設定語言的界限，那麼對這本書的目的至關重要的是，他要運用「事實的總和」（1.1）和「一切基本命題」（4.52）這兩個概念。他的闡述因而一再游離至可言說者的界限之外。

語言與世界所共有的東西

最後，根據維根斯坦的說法，那最不可談論的東西，正是他整本書看來自始至終談論著的——命題與實在所共有的邏輯形式（4.12）。

至少從所有這些方面講，維根斯坦看來從始至終地在書

中說著一些按他自設的標準是不可說的東西。作此嘗試的結果必然是胡說。他在 6.53 說，教哲學的「唯一完全正確的方法」會是一種蘇格拉底式的助產流程：你自己並不說出哲學性的東西，只是每當你學生打算說出「某種形而上學性的東西」之時，就想辦法讓他看出，他未能給自己用到的某些記號賦予意義。然而他在《邏輯哲學論》中明顯偏離了這種方法，做了某些據他自己說來是非法的事情。而這對我們該如何理解他的書有怎樣的影響，則是我們的下一個話題。

✎**討論話題**

　　既然不可能有某種能讓你「只靠查看」就能看出一個命題是不是邏輯真理的記法，那麼這是否有損於維根斯坦對邏輯的說明，假如有損，那麼損害有多大？

　　「科學解釋」是真正的解釋嗎？

　　維根斯坦對倫理之事的說明站得住腳嗎？

第 7 節　「對於不可說的東西，我們必須保持沉默」

　　《邏輯哲學論》這一節雖然只有這麼一句，但是我們仍適合用一整節的篇幅來討論，因為這是維根斯坦全部思想收尾之處，而且我們在此彙集了書中提示出哲學之自成問題性的各條線索以及本書的核心悖論，即維根斯坦至少看上去一直在嘗試說出某種按他自己的標準是不可說的東西，因而他說出的句子成了胡說。這與當今關於

《邏輯哲學論》的論辯焦點緊密相關,而在一本介紹性的導讀中,我們不打算對論辯做出裁決,而是會把已被提出的種種解讀選項擺出來探討。

前一節末尾,我們審視了書中引導維根斯坦把自己的命題貶斥為胡說的各條主線,而我們最後的任務則是看一看,如此的貶斥會對理解《邏輯哲學論》有怎樣的牽涉。

從某個角度看,該書於命題 7 所述的結局簡單明瞭:從頭至尾跟隨其論證思考一番之後,我們終於認識到不可能提出哲學信條——至少,對於維根斯坦在《邏輯哲學論》集中關注的問題,不可能提出哲學信條予以處理。至於為什麼能認識到,我們暫且不下定論:也許是因為我們最終得以看到某種只可被顯示的東西——「語言的界限」、「命題的一般形式」、「世界的本質」等——同時我們又認識到,我們所看到的東西無法訴諸言語,而將其訴諸言語的任何嘗試,只會導致我們說出廢話性質的句子;但我們認識到不可能提出哲學信條,也可能是因為,我們根本上最終得以認識到談論這類事情的嘗試本身是徒勞的,就連對於存在某種只可顯示而不可說者的談論,也應該當作錯覺而予以摒棄。無論究竟怎樣,「問題在根本上已經最終解決了」(自序,p. 29)。我們因而在建構哲學理論的嘗試上罷手,滿足於說出可說的東西——「自然科學的命題」(6.53)。但若說從這個角度看,本書的結局簡單明瞭,從另一個角度看,卻深深地令人困惑。

　　維根斯坦看上去建構了一種對語言和語言如何與世界相
關聯的說明，以此解決了所有的語義悖論。但解決的方式不
是對悖論提供「徑直的」解法，而是說明命題的一般形式，
這樣一來，依照這一形式，悖論句連構造出來都不可能，根
本就作爲逾越了「語言的界限」的胡說而被清除了。但與此
同時，他把討論引向一種悖謬性毫不輸於原來那些悖論的境
地：一旦看出悖論的解法是什麼，我們就意識到，那種解法
本身出於同樣的緣故而無法得以陳述。這一悖論明顯因如下
事實而惡化，即維根斯坦一直在說的東西，似乎正是他一直
論證爲不可說的東西，而我們也似乎同樣能讀懂他，能爲他
看起來提出的立場做出支持或反對的論證。正如羅素所言：

> 引起我們猶豫的是這一事實，即維根斯坦先生畢竟還是
> 設法說了好多不可說的東西。[55]

要把該書擺在我們面前的悖謬情形呈現出來，可以從書中引
用這樣三句話並予以並列，因爲這三句話看起來會形成一個
不融貫的三元組。

　　維根斯坦在自序中有關《邏輯哲學論》一書有兩個說法：

> 一些思想表達在這本書裡……書中所傳達的真理之爲
> 真，在我看來不容置疑，亦無可更改。[56]

---

[55] Russell, *Introduction to the Tractatus*, p. 22.

[56] Wittgenstein, *Tractatus*, Preface, p. 29.

在命題 4 中，我們讀到：

思想是有意義的命題。[57]

而 6.54 說：

知我者，最終會認識到〔我的命題〕是胡說。

這 3 點論述之間有一種張力，這是顯而易見的。同樣顯而易見的是，維根斯坦這裡不可能只是疏忽了，而必定是故意要讓我們面對這一張力。

不出所料，對此應該怎麼評判已有不少爭議，而至少在某一批論者，即「新維根斯坦派」（New Wittgenstein）的倡導者們 [58] 看來，《邏輯哲學論》中一切重要的東西都取決於我們對這一問題的回答。雖然我相信，我們後面會考察的第 5 種解讀的某一版本應是該書的正確讀法，但一本《邏輯哲學論》研習導讀的目的，不會在於提出我自己覺得更可取的解讀。相反，我會勾勒出看待這一悖論的不同思路，考察每種解讀思路面臨的難處；至於哪種解讀更接近真相，則交由讀者判定。每種解讀進路都面臨相當多的難處，而對於透

---

[57] 這要與 5.61 的斷然之辭一併來看：「我們不能思考我們所不能思考的東西；因而我們也不能言說我們所不能思考的東西」。

[58] 主要是科拉・戴蒙德（Cora Diamond）和詹姆斯・科南特（James Conant）（例如：見 A. Crary and R. Read [eds.], *The New Wittgenstein* [Routledge: London, 2000]）。

澈思考那些難處這一哲學任務來講，把某種解讀判爲正確只是一項準備工作。

下面我會首先勾勒出 5 種可能的回應，其中前兩種從諸多角度看是最自然卻也最消極的回應。這兩種回應從各自角度把 6.54 看作歸謬論證——還有什麼比作者製造出的理論隱含其理論本身的胡說性質，能更確鑿地表明作者弄錯了呢？很明顯，這兩種都不是維根斯坦本人的立場，但我們感興趣的，本來也不該只有這個簡單的詮釋問題：「維根斯坦的本意是讓我們從《邏輯哲學論》中領會到什麼？」，而還要有進一步的哲學問題：「我們應該怎麼回應這本書？」另外 3 種回應，則代表對文本的幾種照單全收的解讀。我有意不對任何一種解讀附上評論過《邏輯哲學論》的作者姓名，因爲我陳述這些立場時，都陳述得盡可能簡單而直截了當。若仔細審視各位評論者的實際講法，會發現他們提供的解讀相當多樣，其中多數都會做一些限定，專門用來克服我們在此會面臨的種種難處。所以，可以把下列思路看作能從中找到正確解讀的傾向或方向之處，而多數評論者提出的說法屬於其中某條思路的變體。

1. 無論維根斯坦本人怎麼認爲，對於他在該書正文中關於邏輯和語言提出的說明，6.54 都構成了歸謬論證。

2. 完全從另一個角度，但也還是一種表明維根斯坦弄錯了的角度，我們可以對維根斯坦的結論提出質疑，質疑他對邏輯和語言的說明，事實上是否把他說出了他在說的東西這點排除掉了。

3. 6.54 對維根斯坦雖然重要，我們卻可以把它當成一個相對

次要的問題來看。若把《邏輯哲學論》的最後一節僅僅視作一種修辭花樣，那麼仍有很多東西是我們能從該書前面部分收穫到或加以探討的。

4. 恰恰相反，6.54 包含了該書的全部要點，其餘的一切都是為之鋪墊。這本著作起一種治療作用：你先是被誘導把該著作讀成彷彿是一套有關語言與實在之關聯的理論。最終你明白這一理論是自毀的，而你一直在考慮的命題將其自身貶斥為胡說性質。你由此去除了打算建構這樣一種理論的衝動。

5. 維根斯坦在該書中自始至終關注邏輯的本性，以及語言與世界的關聯。他的主要關切之一是指引我們看出，這裡產生的哲學問題的解答是一些無法訴諸言表的東西——無法「說出」的東西——但又體現在我們對語言的使用之中。因而，他在表面上陳述這些問題的解答之際，始終不得不使用一些無法賦予什麼意義的句子。透過使用這些胡說性質的句子——這些按其自設標準須斥為胡說的句子——他力求幫助我們領會什麼是只可顯示的，以及為什麼只可顯示的東西是不可言說的。一旦我們最終看出他努力指引我們看出的東西——一旦我們理解了他——我們就會不再嘗試說出我們那些哲學問題的解決方式是什麼。

1. 歸謬論證

雖然維根斯坦陷入這一境地時心中有數，而且把這一悖謬立場擺在讀者面前，也被他視為其主要目標之一，但不管他本人會有怎樣的設想，我們在此遇到的情況是所能想像到

的最明顯的歸謬論證。若把一種理論完全廓清會表明這一理論本身是胡說，那還有什麼能比擁護這種理論更加荒唐的？

儘管這是很多讀者自然會有的反應，但我們這裡將只一筆帶過。至少就上述思路來看，我們主要想說這是種淺薄的反應。要想讓這種反應贏得尊重，只有在如此回應的同時，努力去嚴肅地駁斥維根斯坦做出的核心論證，即那些把他引向本書一貫主張的立場的論證。在此應該留意，維根斯坦為他在 6.54 的說法進行鋪墊的論證，屬全書最強有力的論證之列。不管怎麼說，《邏輯哲學論》是有很多小瑕疵的，而且書中表達的某些想法即便站得住腳，也不會贏得廣泛的贊同。但在維根斯坦對於存在某種只可顯示而不可說者的堅持主張背後，那些支持他如此主張的思想，不僅是他最重視的思想，這些思想本身也包含了一種深刻的哲學見解，不能憑任何膚淺的詰難而把它擱置一旁。

2.取道元語言

這裡我們主要是要考慮這樣一條建議，它起初是羅素在他為《邏輯哲學論》寫的導言中提出的：

> 每門語言⋯⋯都有一個結構，雖然用該語言本身無法就其說出什麼，但可以有另一門語言來論述第一門語言的結構，而這另一門語言自身有一個新的結構，而語言的這一階次體系就可以是沒有限度的。[59]

---

[59] Russell's Introduction, p. 23.

可以肯定，大致是由於羅素在導言末尾提出的這一建議，維根斯坦才在讀了導言的德語譯文之後，怒斥羅素所寫的全是「膚淺和誤解」[60]。但即使羅素提出的建議是「膚淺的」，考慮這一建議至少是很自然的。維根斯坦首次引入存在某種可顯示但不可說者的想法是在 2.172，這裡維根斯坦稱，如果一幅圖畫必須與它描繪的情形共有某種東西（某種形式）方能描繪那一情形，那麼這幅圖畫最不能描繪的就是那一情形具有那種形式這一點，因為鏡映該情形的形式，乃是這幅圖畫究竟得以關涉那一情形的一個條件。這幅圖畫並不描繪而是鏡映那種形式。所以，就命題的情況而言，一個命題就不能夠說，它表現的情形具有與該命題相同的某種邏輯形式，而是，該命題憑自身把那種形式展示出來。羅素的想法是：也許一個命題本身不能說出它為了能描繪實在而必須與實在共同具有的東西，但另一個命題憑什麼不能說出第一個命題只予以顯示的東西呢？推而廣之，如果有某些東西據稱是某門語言所不能說的，因為這些東西是該語言但凡能說點什麼就要預設的，那我們憑什麼無法把那些東西用談論第一門語言的另一門語言說出來呢？維根斯坦之所以遇到顯示／言說問題上的困難，完全是由於他試圖讓一門語言既談論自身又談論語言所關涉的實在。於是我們把他的談論方式換成一種直白地關乎語言的談論方式。儘管「7 是一個數」從維根斯坦提出的理由來看是胡說，但它貌似有意義的原因完全在於我們把它聽成是在說「『7』是一個數字」，而後者是一個

---

[60] Wittgenstein, *Notebooks*, p. 132.

簡單明瞭的經驗命題，它說出了維根斯坦聲稱只可顯示的東西。

　　在維根斯坦本人看來，上述建議只是一種錯失要點的閃爍其詞。下面我要指出幾條理由，說明為什麼可以認為羅素的回應是不周全的：

元語言命題成功說出了維根斯坦宣稱是不可說的東西嗎？

　　《邏輯哲學論》中成問題命題的這些「元語言」版本所說出的，與我們提出《邏輯哲學論》中相應命題時所試圖說出的，是不是同一種東西呢？誠然，「『7』是個數字」可以視為一個經驗性命題，類似於考古學家識別石板上的某些記號時說：「這些記號是數位」，而我們也可以認為"'Snow is white' is true if and only if snow is white"（「『雪是白的』為真當且僅當雪是白的」）是一個有關英語的有意義的命題。不過，倘若對我們在《邏輯哲學論》中遇到的那類句子進行這樣的轉譯，那麼轉譯句固然在某個限度上是十足有意義的句子，但若以為轉譯句說出了維根斯坦試圖說出的東西，則在同樣限度上是一種錯覺。如果按這樣把轉譯句看作簡單明瞭的經驗性命題，這些句子就只不過是些瑣碎的命題，其所談論的是特定的一門語言。之所以這些句子能貌似充當維根斯坦的命題的替代品，是因為我們換了一個角度去聽這些句子。用維根斯坦的術語講（3.32），我們不是把它們聽成是談論「7」這個記號──紙面上的墨跡──而是聽成是談論該符號，即以某種意義而被使用的那一記號。但若把「『7』是一個數字」看作一個我們用來談論符號的命題，

那麼「……是一個數字」本身就是個形式概念，那麼這句話就像我們一開始的命題一樣成問題，而我們就只是在原地踏步了。取元語言路徑而行的做法，永遠只能告訴我們一些與哲學並無關係的事實，一些有關所使用記號的偶然特徵的事實。而符號所具有的本質上、邏輯上的特徵，才是維根斯坦全部的興趣所在。

是大寫的語言（Language），還是諸門語言（languages）？

照羅素那樣說，就好像維根斯坦所著眼的是特定一門語言的結構，如此說來，談起用一門第二位元的語言去討論元語言就是有意義的。但維根斯坦自始至終的關切不在於此，他是在問：「（大寫的）語言是如何可能的？」以及「任何可能的語言必須滿足什麼條件？」當羅素闡述他自己的類型論時，當他闡述我們如何會因觸犯類型限制而胡說時，他的角度與維根斯坦也很類似，同樣不是在關心特定一門語言所承認的類型限制，而是打算以這些限制作為能夠談論集合的任何可能的語言都得遵守的限制。我們若想建構一門第二位元的語言去談論一門第一位元的語言，那麼之前宣稱無法用元語言說出的東西，根本就會鏡映為無法用第二位元的語言說出的東西。

3. 忽略6.54

弗蘭克・拉姆齊很多最優秀的作品，都直接受到了《邏輯哲學論》和與維根斯坦的當面討論的啟發，儘管對於存在可顯示但不可說者這一想法，他不想費心思去考慮。拉姆齊

的文章說明，即便完全忽視維根斯坦提出他的命題是胡說這一說法，仍有多少哲學洞見可以得自一種對《邏輯哲學論》的完全直截了當的讀解。當然，拉姆齊明白，他這不是在照單全收地解讀《邏輯哲學論》原文，而是在能有所收穫之處去汲取維根斯坦的思想。然而他的示範則提示我們，對《邏輯哲學論》給出一種完全忽略掉 6.54 的注疏是有可能的。當然有很多評論者，雖未明言這是他們的實際做法，但正是這樣做的。對這一做法，我們可以提出幾條捍衛的理由。第一，其可能性是再充分不過的：我們討論維根斯坦所說的話，提出支持和反對其觀點的論證，似乎沒有什麼困難。當然第二點是，對於此書正文，除了一概按其有意義來解讀，似乎也沒有其他融貫的解讀方式可選：即便對於力主該書全部要點在於其命題是胡說的人，這一點也成立：我們畢竟全憑後見之明才認識到這些命題是胡說。第三，有強有力的理由認為，1916 年有過另一版《邏輯哲學論》，這一版原本會停在命題 6 而不是繼續到命題 7，而目前 6s 的材料是後來添上的：6s 中有不少材料的品質遠不如前文令人滿意，也有不少材料難以與前文整合。無論怎麼評價維根斯坦討論倫理學的段落，大量評論者索性忽略其在書中的出現，把這些段落當作無關緊要的論述，並沒有真正的哲學趣味（而不顧維根斯坦自己做出的估價）：那麼何不以同樣的態度看待 6.5s 呢？正是在這裡，我們會碰到這一進路的主要難題。

倫理學方面的論述與 6.5s 各段之間，有一個重大的差異。該書前面各部分中，沒有什麼能引導我們去預料維根斯坦會在倫理學方面說些什麼，而有關倫理學的段落也的確是

最難與前文相調和的一部分。可是維根斯坦在 6.5s 尤其是 6.54 提出的想法，卻得到了精心的鋪墊，作為該書主要討論的自然結果而出現。當我們瀏覽筆者前一節評論 6.54 時列出的種種考慮時，我們會看到，這些考慮所處理的，一概是對於維根斯坦貫穿全書的關切具有核心意義的論題。與維根斯坦有關倫理學的論述不同，他在 6.5s 中，完全是憑他自始至終為之論證的關鍵立場而推出了最終結論：若如他所強調，他設定命題一般形式的一個目的是確立語言的界限，那麼這正會使得他用來確立那些界限的命題一直在逾越其所確立的界限，這些命題因此才落在界限兩側當中錯誤的一側，因而成了胡說。我們要想忽略 6.54，似乎只有我們不去做維根斯坦所做的事，不去把我們的觀點澈底想通才行。

4.「治療性」讀法（A 'therapeutic' reading）

我們下面要考慮的讀法近來受到很多關注。這就是對《邏輯哲學論》的所謂「新維根斯坦派」讀法 [61]。與上一種讀法形成鮮明反差的是，這種讀法把 6.54 奉為全書的關鍵。該書可以被認為有兩個部件——先是一部框架，主要包括自序和 6.5s（尤其是 6.54），然後是囊括在框架內的該書其餘部分——兩個部件當中，框架會為我們理解《邏輯哲學論》的全部旨趣提供指導。我們充分嚴肅地對待維根斯坦的如下說法，即該書大部分命題是胡說，並且我們強調，胡說就是

---

[61] 代表性文集可見克拉里（Crary）和里德（Read）所編《新維根斯坦派》（*The New Wittgenstein*）一書。

指胡說——不知所云的囈語——我們還強調，最終達到本書的目的，是在驅散了以爲那些命題有意義的錯覺之時（此時讀者最終理解了維根斯坦，而非理解《邏輯哲學論》的命題，因爲並沒有理解胡說這回事）。該書有一種「治療」目的，療法似乎大體如下：讀者先被誘導著「直截了當地」讀這本書，把它讀成是對命題以及命題如何與世界相關聯的說明。這一說明最終自行瓦解，最終成了它自設的標準所規定的胡說。讀者一旦明白了這點，就打消了原來的衝動，不再想要把他們似已著手進行的那種探究繼續下去。於是他們就能「正確地看世界」了，因爲他們恢復了對於我們日常語言的滿足感，不再想要建構一套形而上學理論去支撐日常語言。《邏輯哲學論》的種種「傳統」讀法所從事的是某種雙重思維（double thinking），這些讀法莫名其妙地認爲既有可能接受《邏輯哲學論》表面上擺出的主要信條，又有可能同時相信表達那些信條的句子是胡說性質的。而我們則必須把維根斯坦理解爲「決絕的」，把他說的「把梯子扔開」的意思，嚴格理解爲把梯子扔開——把讀出該書正文的任何意思的任何打算都放棄掉。我們尤其要克服一種錯覺，即以爲有什麼「可顯示但不可說」的東西。

　　這種解讀《邏輯哲學論》的方式所顯出的可信度，大多源於我們想給出另一種讀法的一個完全理想的版本時碰到的種種難處，這另一種讀法被我們眼下考慮的讀法的宣導者稱爲「傳統讀法」。我雖然不想輕描淡寫那種讀法所面臨的難處，但在我想來，眼下這種讀法有它自己更大的難處。

外部證據

這種讀法初一看似乎立於不敗之地，因為凡是《邏輯哲學論》中看上去與這種解讀相衝突的段落——比如說維根斯坦強調有某種可顯示而不可說者的段落（4.121、4.1212、6.522）——都可以完全當成梯子的橫檔而放棄掉，畢竟梯子是必須扔開的。但這種解讀有個壓倒性的難處，這就是它明顯不可能與維根斯坦本人談到、寫到《邏輯哲學論》的內容所構成的那些外部證據相吻合：任何毫不含糊地支持這種解讀的論述都很難找到，卻不難找到一大批似乎與之衝突的論述。這點從各方面證據看都是如此，無論我們考慮的是維根斯坦在其中為《邏輯哲學論》做準備工作的《1914-1916年筆記》，抑或是他給羅素和拉姆齊講解《邏輯哲學論》時的種種說法，抑或是他在 1930 年代早期對《邏輯哲學論》思想的闡發和修正，抑或是他接下來以《邏輯哲學論》的思想作為自己先前的觀點而對其進行的各個角度的抨擊。僅舉一例：羅素曾就《邏輯哲學論》提出各種問題，包括這樣的詰難：「同樣有必要給出這樣一個命題，即一切基本命題都已給出了」，而維根斯坦在答覆羅素所提問題的回信中，就這一點說道：

> 沒有這個必要，因為給出這樣一個命題根本就不可能。沒有這樣的命題！一切基本命題都已給出，這是由沒有哪個有一種基本意義的命題尚未給出這一點顯示出來的。[62]

---

[62] Wittgenstein, *Notebooks*, p. 131.

除非維根斯坦的的確確認爲有可顯示而不可說之事，否則上
述說法是無從理解的。但問題還不大在於這條或那條論述難
以協調於「治療性」讀法；問題在於，與這種理解格格不入
的論述很多，而且各式各樣。

「框架」是什麼？

這種解讀完全有賴於把幾條論述單拿出來當成「框
架」，當成是維根斯坦親口對我們講的話，並以此對照於其
他命題，即那些終會被讀者認出是胡說的命題。而在實際操
作中，這種解讀並沒有把框架當成是只包含自序和 6.5s，而
也視爲包括 4.111～4.112 或 5.4733 等一些散見於全書的段
落。難以看出的是，有沒有一種原則性的方式能說明爲何偏
偏是這些論述能單拿出來，以及維根斯坦又爲何把這些論述
彷彿是隨機地穿插到「胡說性質的命題」之間。對於 4.111～
4.112 這樣的段落，這一問題看來尤爲嚴重，因爲按一種自
然的理解，這幾段是作爲從屬於 4.1 開始的一條思路的闡發
而出現的，是在一個包含了應作爲胡說而被拒斥的命題的論
證之後，作爲其結論而出現的。對這個問題的回答最好不要
是說，這些用來組成框架的論述之所以單拿出來，僅僅是因
爲解讀者覺得這些論述合自己的心意。

同樣，6.5 到 6.54 這一系列論述，雖然最容易讀作是支
持我們眼下正在考察的讀法，但我們通讀一下就發現，維根
斯坦在這一系列的中間即 6.522 處宣稱，存在不可表達但顯
示自身的東西。若按照「新維根斯坦派讀法」，6.5s 的本意
是在解讀《邏輯哲學論》的進路方面爲讀者提供指導，那麼

既然 6.522 應該完全當成胡說性質的東西而拋棄掉，這一段的侵入似乎就使維根斯坦的謀篇布局顯得不可理喻了。更妥當的做法看來還是另找一個角度來讀解 6.5s。

所謂的「療效」該如何達到？

　　無論遭到「新維根斯坦派」摒棄的「傳統」解讀有多麼難以填充細節，我們還是能相對容易地按傳統解讀來大概說明作者打算讓《邏輯哲學論》如何起作用：維根斯坦想要向我們傳達某種無法訴諸言表，但由語言的工作方式所顯示的東西。爲此，他表面上把不可說的東西說出來，藉此指引我們去看那些只可顯示的東西：而我們一旦看出他在努力引導我們去注意的是什麼東西，就會意識到這種東西無法用維根斯坦所用的句子適切地表達出來，任何據稱能說出它的句子其實都會歪曲它：實際上，我們被引導去注意的東西，恰恰把用來引導我們去注意這種東西的句子貶斥爲胡說。可是按我們眼下考察的這種說法，其解釋中就出現了缺口——從沒有什麼東西顯示給了我們——而這一缺口也很難說清該用什麼去填補。我們怎麼一來就認識到《邏輯哲學論》的命題是胡說的？唯一的回答似乎是，這些命題一旦被當眞，就以某種方式自相駁斥，或者說一旦當眞就意味著其胡說性質。可是如此一來，這種說法就與傳統讀法一樣，都難以解釋「被當眞」這話用在毫無意義的句子上是什麼意思——同樣也難以解釋，把毫無意義的命題說成是意味著什麼東西，又是什麼意思。且不論這一層，單說句子自相駁斥或意味著自身的胡說性質，這也並不表明那些句子是胡說：這至多表明那些

句子爲假。

　　但即使我們能令人滿意地回答上述那些問題，實實在在的問題仍然有待回答：「不論《邏輯哲學論》的命題到頭來因爲什麼成了胡說，這些命題是胡說這一點怎麼就有了治療價值呢？」畢竟，自我駁斥的形而上學理論，乃至按其自設條件成了胡說的理論，在哲學史上不算少見。特別來說，證實原則（the Verification Principle）就受困於一個難處，即難以用它自身規定的有意義條件說明它自身有意義——卻從沒有誰看出證實原則有什麼治療功能，即類似於此處分派給《邏輯哲學論》的那種功能。

一個價值判斷

　　下面要說的這點算不算一個難處，取決於對《邏輯哲學論》中什麼東西有價值的判斷。但這無疑是有些哲學家不僅拒斥而且敵視這種讀法的主要緣故。無論哪種讀法都會認爲，維根斯坦在《邏輯哲學論》的闡發中犯了一些錯誤，但考慮到他是在奮力破解一些最深層的哲學問題，犯那些錯誤都是可以理解的。無論是誰，只要讀讀《筆記》，都會被他窮究命題與邏輯的本性時那種嚴肅認眞的態度所打動。他這番努力的結果是一系列深刻的哲學洞見，收錄於《邏輯哲學論》的正文部分。假如設想他要求我們以實施一種稀奇療法的名義，把那些洞見乾脆丟掉，那就彷彿是讓我們設想他做出智性上的自殺舉動。無疑，與那些洞見相比，實施這種療法有可能顯得格外無足輕重。而這種療法似乎也是格外無效

的：1929 年，他剛一回歸哲學，就寫了一篇文章 [63]，在文章中繼續做那項會被「療法」摒棄的探究工作，彷彿什麼也沒發生過。不但如此，他繼續探究時甚至不再像他在《邏輯哲學論》裡那樣，自始至終不斷暗示這樣的探究有某種自成問題的東西。

5.「傳統」讀法

我稱這種讀法爲「傳統」讀法，因爲我們剛才考察過的「新維根斯坦派」就是用這一稱號來稱呼這種讀法的。不過這個稱號不應該讓人無視這一事實，即雖然很多評論者都提出了我們正要考慮的這種立場的某一版本，但這些評論者之間又有相當大的差異：不過考慮到把這裡要說的東西闡述得前後一貫所需要克服的種種難處，不同版本的差異是完全可以理解的。這個讀法雖是最爲自然，也最爲契合維根斯坦寫給羅素的信裡對他的命題的解說，但我們在此面臨的困難是極大的。實際上正是由於這些困難，才產生了《邏輯哲學論》的其他 4 種讀法：這 4 種讀法各自有別，但都能快刀斬亂麻地解決維根斯坦在此向我們擺出的難題（對於此處出現的難題，你若以爲維根斯坦自己有乾淨俐落的解法，那就錯了：遠比這更有可能的是，他正想要把一個悖謬情形擺在讀者面前，因爲對這一情形，他和我們一樣感到難解）。

這種讀法認爲，在維根斯坦看來，存在著一些無法訴諸

---

[63] L. Wittgenstein, 'Some Remarks on Logical Form', *PAS* Supp. vol. 9 (1929): 162-71.

言語之事：一些可顯示但不可說之事。有一些東西體現在我
們對語言的使用上，但這些東西對那種使用來講是預設的，
是不能在語言之內說出來的。他這本著作的大部分目的，既
在於指引我們看到那些不可說的東西，同時又在於指引我們
看出它為什麼不可說。一旦領悟了他的意思，我們就會「扔
開梯子」：這是說，我們會認識到，我們領悟的東西無法以
一種形而上學信條的形式來表達，還會認識到，雖然維根斯
坦看樣子把自己的觀點表達成一系列形而上學信條，但那僅
僅是一個有待克服的階段。他自己一直在逾越他想讓我們認
識到的「語言的界限」，結果說出了被那些界限貶斥為胡說
的句子。一旦弄懂了他的意思，我們就會摒除說出不可說之
事的誘惑，並遵從他的指令，保持沉默。

　　下面來討論這種讀法面臨的兩個難處。這兩個難處常被
混在一起，但兩者並不相同，最好還是分開處理。「新維根
斯坦派」大多力陳第一個難處，不過帶來更嚴重困難的其實
是第 2 個。

胡說就是胡說

　　既然我們認識到《邏輯哲學論》的句子都是胡說，那我
們怎麼能聲稱我們不只是有一種錯覺，一種以為理解了這些
句子的錯覺呢？用「新維根斯坦派」的話說，我們若是「決
絕的」，就會明白並沒有理解胡說這回事，也就會認識到，
一旦讀懂了維根斯坦，那麼對於前文的句子，對於維根斯坦
在其中看似向我們說明了語言如何與實在相關聯的句子，我
們唯一要做的是斥之為囈語，斥之為僅僅是貌似向我們講了

些有意義的東西。新維根斯坦派指控說，誰若是堅持認為我們在《邏輯哲學論》正文的指引下認識到了某種東西，或者誰若是堅持認為，維根斯坦最起碼打算以此讓我們認識到某種東西，那他就是表態支持一種蠻不講理的觀點，即存在著「有意義的胡說」。

然而，指控那些擁護《邏輯哲學論》傳統讀法的人，說他們表態認為有這樣一種「有意義的」或「實質性的」胡說，或者指控他們表態認為最起碼維根斯坦覺得有這種東西，這些指控都屬於略帶惡意的醜化。當然沒有人，或幾乎沒有人想要說，存在著有意義的胡說，所以這一指控的內容必定在於上述想法是支持傳統讀法的人所默認的，無論他們自己是否意識到了。而我們在此要牢記這樣一個區別，即一句話有什麼意思與我們怎麼使用它的區別。問題不在於：「一句胡說是否有什麼隱祕的意思？」而在於：「我們能不能用一句自認不諱的胡說來交流點什麼？」對後一個問題，直截了當的回答無疑是「是」：只要在適當情形下，什麼都可以用來交流點什麼——連揪揪鼻子都可以。不過這個回答還是來得太快。我們畢竟是在討論言語交流，更何況我們無論在言語交流中了解到什麼，當然都只能藉助交際所用的話語，以及至少憑我們表面上聽懂了別人所說的話去了解。這又如何可能呢？我們怎麼能用胡說句子來交流呢？對這一問題的回答起碼可以從一個事實開始，這就是我們其實總是在這樣交流著。語言的比喻用法中，有無數的例子用到了毫無字面意義的句子：姑且任舉一例，不妨看看《遠大前程》裡文米克是怎麼概括賈格斯這個人的：

文米克說：「像澳洲一樣深。」說著便用筆尖指指辦公
室的地板，表示假如用個比喻形容一下，澳洲正好是在
地球的另一邊。
他提起筆來，又補充了一句，「如果還有什麼東西比澳
洲更深，那除非就是他。」**64**

也許可以辯駁說，文米克這時是在特別的比喻意義上用這些
詞，所以不是在使用胡說句子；或者辯駁說，一個人打比方
的時候，我們原則上可以換種說法把他的意思說出來。但兩
種辯駁都建立在有關比喻之可能性的粗糙的理論上，而且
第 2 種辯駁無疑是乞題的。假如運用比喻的目的，是帶我們
看出某種依前提即不可說的東西，那我們自然無法把比喻直
譯出來。沒有什麼理由在一般層面上認定，更不用說在上述
個例中認定，一個人打比方時所傳達的東西必然是命題性質
的。不過這還只是回答的起點：比喻有無數多種類型，而要
完整回答上述問題，仍須詳細說明比喻這種不尋常的用詞方
式是如何起作用的。

　　看看弗雷格在與維根斯坦有些類似的情形中說了什麼，
在此或許有所幫助（此前弗雷格已經論證過，「……為眞」
這一謂詞是多餘的〔如「『p』為眞」的意義與「p」的意義
完全相同〕，並且因此，「眞」這個詞嚴格來講不能標示邏
輯的本質）：

---

64 Charles Dickens, *Great Expectations*, chapter XXIV.

「真」這個詞似乎使不可能成為可能：它使那對應於
斷言力（the assertoric force）的東西得以呈現為對思想
（the thought）的一份貢獻。而雖然如此呈現的嘗試失
敗了，又抑或正是通過它的失敗，它卻標示出了邏輯所
特有的東西。**65**

維根斯坦是在試圖傳達不可說之事，因此他說他所說的話
時，那些話在捕捉他想要傳達的東西方面並不奏效，但這些
話如何不奏效，以及其不奏效這一事實本身，也許倒足以帶
我們看到那些只可顯示的東西，並看出它為什麼只可顯示。

「只可顯示的」是什麼？

雖然反對傳統讀法的人極力強調我們剛剛考慮過的難
處，但其實第 2 個難處造成了大得多的困難，我們下面就對
此加以考慮。顯示給我們的東西到底是什麼？最為明顯的錯
誤說法是像這樣：「如果有無窮多個對象，那麼我們不能說
有無窮多個對象：這一點要顯示給我們。」這是「新維根斯
坦派」著作中能遇到的對傳統讀法的第 2 種醜化。**66** 但那種

---

65 G. Frege, *Posthumous Writings* (ed. Hermes, Kambartel and
    Kaulbach; trans. Long and White; Blackwell: Oxford, 1979), p. 252.
66 關於新維根斯坦派對傳統讀法的這一醜化，作者應譯者請求作了
    如下補注：「新維根斯坦派」所做的這種醜化，意在指責傳統派
    讀者把維根斯坦放在了一種全然混亂而前後不一的立場上，其思
    路大致如下：「維根斯坦先是說了些東西，然後接著說他剛說過
    的東西是某種不可說的東西，又說雖然『可顯示的東西是不可說

說法明擺著是很荒謬，在此可以對比維根斯坦本人在給羅素的信中做出的更謹慎的解說：

> 你想用「存在著兩個東西」這個貌似的命題說出的，是由存在著意謂不同的兩個名稱（或者由存在著某個可以有兩種意謂的名稱）這一點顯示出的。[67]

顯然，「顯示給我們的是什麼」這一問題不能是在要求我們說出那不可說的東西，而應是要求我們對於理當顯示給我們的那一類東西予以刻畫。這一問題的難處在於，凡是較為自然的回答——無論是說我們的注意力被吸引到一件無法用言語捕捉的事實上，還是說它被吸引到一個不可言說的真理上[68]——似乎都為我們所投身的整個探究計畫所不容。畢竟，世界是事實的總和，而「語言的界限」與憑那些事實而成真或成假的命題集是同外延的。「陳述事實」正是語言能夠做到的事情。無論所顯示的是什麼，說它是又一件有關世界的事實，這總是錯誤的回答。這個問題才是我們解讀《邏輯哲學論》的真正挑戰（前提是我們把維根斯坦的論證當

的』，但他一開始說的東西，又有著與某種只可顯示的東西相同的內容。」這說起來頗為糾纏，但這是由於在我看來，「新維根斯坦派」的詮釋者對傳統派讀者提出的指責，就是認為傳統派讀者把如此糾纏的觀點歸於維根斯坦。

67 Wittgenstein, *Notebooks*, p. 131.

68 但請注意，維根斯坦在 5.62 無甚顧慮地說起「一條真理」（*eine Wahrheit*）。

眞，不只把它當成如何注疏《邏輯哲學論》的問題，更把它當成一個自身成立的哲學問題）。

　　有一種好聽的說法是，顯示給我們的並不是又一件事實，而是事實之內的一種式樣（pattern），可難處是要想清楚，怎樣才算是談論這樣一種式樣而不把它弄成又一件事實。也許當維根斯坦談到內在關係與屬性這種典型的只可顯示者時，他本人有過類似的想法，這時他寫道：

　　4.1221一件事實的內在屬性，我們也可稱之為該事實的特徵（這裡的「特徵」取我們說面部特徵時的那種意義）。

✎討論話題

　　上述哪種解讀《邏輯哲學論》的進路在你看來是最理想的？

　　對於你選取的這種進路，你會怎麼處理它所面臨的難處？

　　我們能用胡說句子來傳達些什麼嗎？

　　可顯示但不可說的東西是怎樣一種東西？

　　到這裡，我們既已爬梳過該書的大部分細節，再從頭至尾讀一遍《邏輯哲學論》是有好處的，此時尤其要自問，這次讀到的東西有多麼符合你對上述問題的回答。

第四章　接受與影響

　　要說明《邏輯哲學論》的接受與影響，可以自然地分兩部分進行。一部分是該書對其他哲學家的影響，另一部分則是《邏輯哲學論》在維根斯坦本人思想的後期發展中得到的對待。

分析哲學

　　我們要考慮的第一點是很一般性的，它不單單與《邏輯哲學論》有關。19、20世紀之交，一種新的哲學思考風格首先出現在弗雷格的作品中，但隨即又出現在羅素、《邏輯哲學論》、F. P. 拉姆齊、G. E. 摩爾和稍晚的魯道夫・卡爾納普的作品中，而後面這些作品得到了「分析哲學」的稱號，其風格主導了大部分的英美哲學。看待《邏輯哲學論》的一個重要角度，就是把它視作分析哲學的創始文件之一。分析哲學出名地難以定義，幾乎找不出哪條哲學學說可看作所有自視為分析哲學家的人所一致主張的。反覆出現的是一些傾向，比如說認為邏輯對哲學有根本的重要性，以及認為在研究某一特定題材產生的哲學問題時，有必要對我們用來討論這一題材的語言加以分析；但與其把分析哲學視為一套哲學學說，不如把它更多視為一種影響傳統和心智習慣，其中更看重的是嚴格的論證，是對所論證的立場的準確陳述，

是對表述哲學問題所用的語言的關注，而不是宏大哲學體系的建構。雖然從來不可能把維根斯坦視爲典型的分析哲學家，但《邏輯哲學論》和上述其他哲學家的作品一樣具有的重要性，一部分就在於它曾促使分析哲學以其實際成形的方式成形。

弗雷格

與上文相連的是另一點考慮，這一點初聽上去像是對《邏輯哲學論》的明褒暗貶。弗雷格的許多關鍵學說能爲一般哲學界所知，很大程度上是經由《邏輯哲學論》。雖然今人普遍把弗雷格視爲哲學史上意義最重大的人物之一，但他曾長期籍籍無名。直到第二次世界大戰後，很大程度上藉助彼得・吉奇和邁克爾・達米特的工作，弗雷格今天的聲譽才得以確立。弗雷格一生中深刻影響過當時的許多大哲學家——羅素、胡塞爾、維根斯坦、卡爾納普——但除此之外，他的工作並未得到多少關注。結果在很長時間裡，弗雷格對哲學思想的影響大多是間接的，而他的思想能爲人所知，是透過這些遠比他知名的哲學家對其思想的採納。弗雷格的許多關鍵學說在《邏輯哲學論》裡有著核心性的意義，而這些學說首次在哲學界廣受認可，很大程度上正是由於它們出現在了《邏輯哲學論》裡面。這裡可以提到「語境原則」（3.3）；組合性（認爲命題的意義是命題所包含的詞語連同這些詞語之組合方式的函數）（4.03）；以一個命題的成眞條件來解說該命題的意義（4.431）；以及後人所謂的「語

言轉向」（認爲要回答「數是什麼？」一類問題，正確的進路是先問問：「數字有怎樣的職能？」，並認爲，回答這個先來的問題又至少要從回答如下問題入手：「數字對於出現數字的句子的意義有何貢獻？」）。這些思想中的每一條都在整個 20 世紀廣有影響。這些思想在《邏輯哲學論》中同樣具有核心意義並極受重視，不過維根斯坦闡發這些思想的角度與弗雷格運用它們的方式並不相同，乃至有時應該不會讓弗雷格本人滿意。考慮到弗雷格的著作那麼久都不太知名，其思想的重要性能普遍爲人所知，很大程度上應歸功於《邏輯哲學論》。提到這點或許像是小看了維根斯坦自己的成就，但維根斯坦確實是認識到弗雷格的工作有這些方面的重大意義的第一位哲學家。我們把維根斯坦看成是如此接手了弗雷格的一系列思想，並對其意義施以自己的解讀，這並不是對他本人聲望的貶低，反而能幫助我們理解他的天賦才能，理解他所做工作的根本性質。

《邏輯哲學論》之爲哲學確定議程

在討論《邏輯哲學論》對邏輯實證主義者等特定哲學家的特定影響之前，《邏輯哲學論》還有一方面影響容易受到忽視，因爲這方面在某些哲學家那裡所起的作用是無意識的，而這些哲學家在其他方面與維根斯坦並無一致之處，也會拒斥維根斯坦在《邏輯哲學論》裡的很多論述。我們可以把《邏輯哲學論》看作爲哲學確定了新的議程，因爲這本書提了很多重要問題，其重要性是連那些對維根斯坦本人的回

答會有所不滿的人也都承認的：這些問題包括倫理命題的有意義性（6.4s），對因果必然性可做出的說明（6.37），對內涵性語言予以外延式分析的可能性（5.541），以及意義最重大的一個問題，就是形而上學語言的成問題性。其中許多問題本有另一種已經熟悉的面目：很顯然，休謨對於因果必然性提出的懷疑論早已眾所周知。而《邏輯哲學論》的新意在於，它提出這些問題是從語言角度著眼的——是針對解釋某些語言用法時的困難的。

特定影響：羅素、拉姆齊與邏輯實證主義

談起《邏輯哲學論》的特定影響，我們不如從這樣兩個人講起，他們是《邏輯哲學論》寫作期間以及緊接著的時期裡，維根斯坦與之過從最密的兩位哲學家。就羅素而言，無論如何可以肯定，在他和維根斯坦的這一思想階段中，他們各自都向對方施加了重大的影響。由於那種影響大部分應是透過直接討論和交談而發生的，所以到底是誰影響了誰，常常很難知道。不過我們的確知道，正是在維根斯坦的壓力之下，羅素才最終認可邏輯真理是重言式，但即便如此，我們仍不清楚羅素對這點的理解是否與維根斯坦完全一樣。就兩人互相影響而言，最明確的一例或許是邏輯原子論的發展：讀者若有興趣，不妨對比一下《邏輯哲學論》與羅素 1918 年一系列演講中的闡述，這一系列演講就稱作《邏輯原子主義哲學》，羅素說它「很大程度上著意於講解我從我的朋友路德維希・維根斯坦那裡學到的東西，而他原本是我的學生」。

就弗蘭克・拉姆齊而言，維根斯坦和《邏輯哲學論》對他的影響是明顯且深入的。拉姆齊不幸於 26 歲英年早逝，生前曾與維根斯坦有過大量討論，在自己的工作中也採納了維根斯坦在邏輯學方面的許多洞見。他最好的論文裡，有很多篇都明顯受惠於維根斯坦和《邏輯哲學論》，他還明確以 1925 年的長文〈數學的基礎〉（"The Foundations of Mathematics"）作為一項嘗試，力圖把維根斯坦在《數學原理》中發現的缺陷去掉，從而重建《數學原理》。

1927 年，莫里茨・石里克說動維根斯坦去參加「維也納學派」各位成員，即邏輯實證主義的創立者們主持的討論。維根斯坦對於邏輯實證主義的發展方向，尤其是對石里克和卡爾納普的思想，一度都有過很大影響。但就實證主義者而論，固然要講他們如何贊同《邏輯哲學論》的觀點，但同樣重要的是強調哪些地方是他們所不贊同的。我先要提一個主要的分歧：維也納學派對《邏輯哲學論》核心思想做了認識論的詮釋。而對於認識論，《邏輯哲學論》原書幾乎沒有表示出什麼興趣（參見 4.1121）。在維也納學派那裡，維根斯坦原本按成真條件對意義做出的解釋，實質上被置換成了按證實條件（verification conditions）做出的解釋，而維根斯坦的基本命題，實質上也被置換成了基本觀察句（basic observation sentences）。雖然這樣置換會對解讀《邏輯哲學論》帶來很大影響，會使維根斯坦的一些主要論證不再成立，但這一誤讀或許也是可以理解的，畢竟到那一時期，維根斯坦自己也漸漸接受了證實原則，而這當然會對他本人如何解說《邏輯哲學論》的思想產生影響。這種轉換的效果是

使維也納學派某些成員持有的邏輯原子論，在許多方面更近於羅素的闡述而非《邏輯哲學論》。另一個重大分歧，則涉及維也納學派認為維根斯坦所秉持的「神祕主義」（參見6.522）：邏輯實證主義者們對「可顯示但不可說之事」的想法大為驚駭。他們不光完全反感這樣的想法，還或對或錯地產生疑心，覺得形而上學由此就從後門偷運回來了。然而儘管有這些差異，儘管他們做哲學的整個進路與維根斯坦完全不同，我們仍可留意到，下面這些思想至少在維也納學派一部分人那裡很有影響。第一點，也是最重要的一點，即是對形而上學之可能性的拒斥。實證主義者的極端經驗主義已使他們深感形而上學的可疑，但《邏輯哲學論》則又給了他們一個想法，即可以基於語言方面的理由來剔除形而上學：從意義理論出發考慮，會顯示出形而上學斷言的胡說性質。與此相連的是採納這樣一種哲學觀，即認為哲學在於分析——在實證主義者那裡主要是對科學語言的邏輯分析。另外兩個值得提到的想法是：(1) 採取一種原子論的語言觀：認為有可能從一組基本命題建立起所有複合命題（不過如上文所提到，在實證主義者那裡，基本命題應會是在認識論上基本的命題），以及 (2) 認為邏輯真理什麼也沒說出，不過這在他們那裡又被詮釋成邏輯真理是憑約定為真，或曰全憑語言中的種種約定為真的。

維根斯坦後期哲學視角下的《邏輯哲學論》

維根斯坦重返哲學

1929 年，維根斯坦回到劍橋大學，而他在劍橋最先寫出的著述——〈關於邏輯形式的一些看法〉（Some Remarks on Logical Form）這篇文章以及《哲學評注》（*Philosophical Remarks*）這部著作——都明確標誌著他的思想開始了一次轉變。1929 年的文章中，他主要關注「顏色排斥難題」——「這片區域既全是紅的，又全是綠的」這句話看上去必然為假，但在此看來，這一不可能性又無法只用真值函數裝置來解釋。到這時，他對他在《邏輯哲學論》中的相關說法（6.3751）清楚而正確地表示了不滿，認為不可能對這樣的命題做出能揭示其背後真值函數結構的分析。在他這一階段的思考中，他努力在不放棄《邏輯哲學論》基本觀點的同時，調整《邏輯哲學論》的闡述，以使其能夠容許基本命題可能互不相容的情況。

《哲學評注》的情況就比較複雜，常常看不出他是在設法修正《邏輯哲學論》的闡述，還是在推翻它而改持完全不同的觀點。「顏色排斥難題」仍然困擾著維根斯坦，但他還朝著推翻《邏輯哲學論》最根本方面邁出了遠為重大的一步，這就是他不再相信可以純粹歸結到真值函數來說明概括性和量詞[1]。他在這點上若是對的，那麼與擔憂基本命題的邏

---

[1] 尤其見 Wittgenstein, *Philosophical Remarks*, section IX.

輯獨立性相比，這對於《邏輯哲學論》來說會是一種嚴厲得多的批評。這會直指他早期著作許多根本方面的要害：尤其是，他會因此不得不放棄他對命題一般形式的說明以及他刻畫事態的方式：如他所言 [2]，他現在不得不承認，存在著所謂「不完整的基本命題」，這種命題很可能無法再應答於全然確切的事態，而正是這樣的事態形成了《邏輯哲學論》整個闡述的根本基礎。相比之下，顏色排斥難題方面的擔憂是相對次要的，畢竟這個難題有兩種方式可以妥善處理，即要麼找到一種辦法對顏色命題做出更令人信服的真值函數分析，要麼在字句而非實質層面去調整《邏輯哲學論》對邏輯真的說明。

　　他在《哲學評注》的開篇處寫道：

我現在不再把現象學語言，或者我所謂的「初始語言」（primary language）當成我心中的目標。我不再認為這還有什麼必要。一切有可能、有必要去做的，無非是在我們的語言裡劃分開本質的東西和非本質的東西。[3]

雖然這裡提到的是「現象學語言」[4]而不是《邏輯哲學論》的充分分析形式的語言，但這些論述只要經過適當修改，也適

2　同上，p.115。

3　同上，p.51。

4　一門「現象學語言」即命題在其中被分析為描述直接經驗的命題的一門語言。

用於《邏輯哲學論》本身。單獨拿這些論述來看，似乎能看出一點要開始以全新方式做哲學的意思。但是，仍有很多論述的性質極不明確，給人的印象是他那一階段尚在掙扎：我們無法確定他究竟是在試圖修正《邏輯哲學論》，還是想推翻它，並把他早期的進路改換成某種截然不同的東西，也無法確定如果要改換，那麼到底改換成什麼。

只有到了《哲學評注》之後的著作──《哲學語法》、《大打字稿》──他後期哲學的某些標誌性立場才開始顯露，對《邏輯哲學論》的思想的關切才逐漸退入背景之中。而他下一次與《邏輯哲學論》的思想相對峙，則是在《哲學研究》中。

《哲學研究》視角下的《邏輯哲學論》

《哲學研究》的發行對《邏輯哲學論》的聲譽不啻於災難。前言中，維根斯坦說：

> 自從我16年前重新開始從事哲學以來，我不得不認識到我寫在那第一本書裡的思想包含有嚴重的錯誤。[5]

接下來，在該書靠前的段落中，《邏輯哲學論》的一系列學說開始受到他持續的批判。雖然《邏輯哲學論》的書名只是偶爾才被明確提到[6]，但這些段落讀來無疑像是在廢除他前一

5　Wittgenstein, *Philosophical Investigations*, p. x.

6　具體是在 §23、§46、§97、§114 這幾節中提到。§65 也應算在內，

本書最有特色的思想。由於這點，讀者會產生一種把《邏輯
哲學論》視爲只有歷史價值的心態：對一本書來說，什麼樣
的宣傳，能比作者自己與該書基本立場劃清界限更爲負面？
就早期和後期著作有連續成分而言，這些連續成分一旦擺脫
了現已名聲不佳的伴隨成分，就會在後期著作中得到更好的
保存。但是，實情比這裡提示的要複雜得多，而在此過程
中，早期著作的許多最深刻的洞見，都有完全遭到忽視與錯
失的危險。

　　我們先來考慮他的哲學有哪些連續成分與非連續成分
的問題。對此可以找到五花八門的解讀，有些解讀認爲《哲
學研究》根本推翻了他的早期哲學，把早期哲學視爲哲學家
易於造出的那類神話幻想的一例，也有些解讀強調了深層的
連續成分。我本人從前也不像現在認爲有那麼多的非連續成
分。這樣說看來是不會有錯的：維根斯坦依舊認爲，哲學問
題的產生是由於我們誤解了語言的工作方式，而這些問題的
消解，則是透過細心留意語言實際上如何工作。然而他的
語言觀經歷了澈底的轉變，結果，發現語言實際上如何工作
的任務，不再能歸結爲揭示那種語言的深層結構，而是要
採取另一種形式，即對特定哲學爭論所涉及的語言進行遠爲
細碎的審視：最重要的是，他明確摒棄了《邏輯哲學論》的
一個最關鍵的要素，即認爲存在著一種「命題的一般形式」
（《哲學研究》，§65）。至於很多別的關鍵論題——是否

因為其中雖未提到《邏輯哲學論》，但明顯是涉及這本早期著作
的。

仍把命題視作圖畫，或是否仍認爲有可顯示但不可說之事
——維根斯坦索性未置一詞。

《哲學研究》前面一些段落中對《邏輯哲學論》的批
評，本意若眞是批評，則令人大惑不解：這些批評常常顯得
太沒有說服力了。《邏輯哲學論》的眞實觀點似乎遭到醜
化，而爲這些觀點實際提出過的論證，要麼根本未予考慮，
要麼也是以粗糙的醜化形式提出的。接下來他反對這些觀
點的論證，一般都只反對了醜化後的觀點。請看最糟糕的一
例：他在 §48 舉了一個有色方格陣的例子，把它例舉爲「〈泰
阿泰德篇〉中的表述」在其中「說得通」的一個命題，這也
意味著（§46）他本人對基本命題的說明能在其中說得通。
但他實際上爲基本命題規定的條件中，沒有一條是這個方格
陣所滿足的[7]，而他接下來討論這個例子時，也只提出一些對
該例不同於基本命題的實際情況之處予以反對的批評。這
樣的段落給人一種深刻的印象，彷彿完成《邏輯哲學論》以
來的 20 多年裡，維根斯坦一直在沿如此迥異的各條路線思
考，此後已無法完整回憶起他從前說了什麼，以及爲什麼那
麼說了。

不過，也許維根斯坦很大程度上更有興趣探討一個觀
點，而不大在意那個觀點是不是自己的早期觀點。但有一處
不是這樣的：這就是他拒斥了命題一般形式的存在（§65）。

---

[7] 要注意的一點是，他在 §48 完全無視《邏輯哲學論》對命題記號
乃事實而非複合物這一點的堅稱（3.14），而他全部的批評都針
對著被視爲複合物的命題記號。

在此，他又一次不理會他在《邏輯哲學論》中對存在一種一般形式提出的論證（4.5），而他探討這個觀點的口氣，就彷彿那是他以前的一個欠考慮的假定一樣。他在《哲學研究》中的做法，無非是把存在著的極爲多樣的語言用法擺在我們面前，要求我們問一問，是否可以令人信服地認爲它們竟都遵從一個簡單的內在模式，例如：他在《邏輯哲學論》中所想見的模式（§18、§23）。依我看，這裡我們能提出有力的理由說，他之前的思想也許比後來的思想更接近眞相。對這一點，此處不是展開論證的地方，不過我要提示兩點以供考慮。首先，維根斯坦在《哲學研究》裡，沒有區分一句話的意義與我們對這句話的用法，而他在 §23 所闡明的多樣性，也大多是用法而非意義的多樣性。第二，我們大可以主張，語言如果沒有某種簡單的深層系統，就會缺少使它有如此多樣用法所必需的靈活性。無論我這裡就維根斯坦對《邏輯哲學論》的批評說得對不對，讀者都不應該簡單地以爲，凡是早期哲學與後期哲學有分歧的地方，後期一概是對的，早期一概是錯的。沒有人會認爲維根斯坦在《邏輯哲學論》裡的每一點都是對的。但如果你簡單地以爲他前期的著作被《哲學研究》取代了，你就有可能得不到許多後期著作沒有予以恰當闡明的深刻洞見。無論如何，重要的是不要認爲維根斯坦在《哲學研究》中解讀《邏輯哲學論》時絕不會錯，而要對照《邏輯哲學論》的實際文本來檢驗他所說的話。

也許，實際上在《哲學研究》靠後的部分，在他並未明確提及《邏輯哲學論》的部分，才發生了與《邏輯哲學論》最深刻而尖銳的交鋒。在《邏輯哲學論》中，維根斯坦似乎

默認了一種簡單的心智哲學，依這一哲學，理解某斷言 p，就是在心裡（或許無意識地）把能使「p」成眞的情形依次過一遍。雖然這一點很大程度上處於背景之中，但我認爲假定這一點是有必要的，這樣才能弄懂他的一些說法的意思（這些說法可能還包括他的另一個假定，即必定有一種判定程式適用於整個邏輯——參見 6.122）。也許正是對理解的這種思考方式，才是他如下說法所批評的對象之一：「姑且試一下吧，不要把理解想成一種『心理過程』！」（注意 §81 的最後一段）。看待維根斯坦後期對心智現象的討論，包括看待「私有語言論證」（the 'Private Language Argument'）的一個有益的視角，就是把維根斯坦看作在擺脫他早期採取的對心智之事的思考方式。

第五章　進階閱讀書目

（下述著作的文獻細目，見本書參考文獻）

1. 略說《邏輯哲學論》與其譯本 [1]

　　《邏輯哲學論》有兩種英譯本可用。第一種為 C. K. 奧格登所譯，由勞特里奇與凱根・保羅出版社出版。但雖說奧格登名義上是譯者，很大一部分翻譯工作其實是弗蘭克・拉姆齊完成的，維根斯坦本人也在翻譯過程中提了大量意見。其中某些譯法取自維根斯坦本人的建議，尤其是在一些很偏意譯之處，如 4.023（詳見 Wittgenstein, *Letters to C. K Ogden*）。這份譯本當然不是毫無瑕疵，也正由於對其某些方面有所不滿，D. F. 皮爾斯和 B. F. 麥金尼斯提供了另一版翻譯，出版於 1961 年，出版方也是勞特里奇與凱根・保羅出版社。

　　兩個譯本都可用，選用哪本大體上隨個人喜好即可。儘管奧格登版有些錯誤為後一版所改正，我個人還是喜歡奧格

---

[1] 《邏輯哲學論》原著可參考如下中譯本：《邏輯哲學論》，韓林合譯，臺北，五南圖書，2021 年第 1 版；《邏輯哲學論》，賀紹甲譯，北京，商務印書館，1996 年 12 月第 1 版。──譯者注

登版，覺得它更得原著神韻，頗有幾處妙譯。我們在細節層面要記住如下幾點：

・雖然奧格登譯本具有從如下事實得來的權威性，即維根斯坦本人對它提過大量意見，甚至有所貢獻，但仍要記住，維根斯坦本人的英語固然流利，但那不是他的母語，他也只在英國住過不長時間，因此他對英語裡細微之處的領會不會是完全到位的，那麼即便維根斯坦對某種譯法的認可要予以認真對待，也不能把他當成絕不會犯錯誤。

・有一對術語的譯法尤其應該留意。「Sachverhalt」和「Sachlage」這兩個詞，奧格登分別譯成「atomic fact」（原子事實）和「state of affairs」（事態）。其中，「原子事實」來自羅素的專門術語，但這個詞有可能存在誤導，因為我們雖無法談論不存在的事實，但維根斯坦式的Sachverhalt卻既可以存在，也可以不存在。至於「事態」一詞，維根斯坦本人並不喜歡，但也提不出更好的譯法。皮爾斯和麥金尼斯則與此不同，他們把「Sachverhalt」和「Sachlage」分別譯作「state of affairs」（事態）和「situation」（情形）。這裡明顯有可能產生混淆，而讀者唯一能做的，就是讀不同的譯本和對譯本的評注時，心裡明白這方面的分歧之處。本書中我與大多數評論者保持一致，遵從的是皮爾斯和麥金尼斯的譯法。

・有一方面肯定是奧格登譯本做得有缺陷的：整本《邏輯哲學論》裡，維根斯坦一直把某些詞語當作半技術性的用語來使用。在這種時候，選哪個英語詞來譯就不如確保譯法的前後一貫來得重要。這在下面兩對詞的情況中特別要

緊——「darstellen」和「abbilden」，以及「sinnlos」和「unsinnig」。在這兩種情況中，維根斯坦都對這些概念做了明確的區分。在此可參見 2.201 和 4.461～4.4611。雖然奧格登在這些關鍵段落用了「depict」（描繪）和「represent」（表現），以及「without sense」（不帶意義的）和「nonsense」（胡說）來對譯，但他沒有一貫堅持這些譯法，頻頻把「abbilden」譯成「represent」（表現），把「sinnlos」和「unsinnig」都譯成「senseless」（沒有意義的），而這就有可能帶來嚴重的誤導：這樣一來，就把維根斯坦在 6.54 的說法，弄成是說他這本書裡的句子是「沒有意義的」，這在《邏輯哲學論》的專門用法中意味著這些句子是邏輯學的空洞真理，然而整本書的要點卻完全在於一個比這強得多的說法，即這些句子根本就是胡說。所以若採用奧格登譯本來研讀《邏輯哲學論》，要養成習慣，每當出現這些英譯詞語，就去查看德語原文用的是哪個詞。

在本導讀中，這兩種標準譯本我都沒有照搬，而是要麼採用其中最貼合原文的譯法，要麼給出我自己的譯文。

2. 傳記類著作

B. F. McGuiness, *Wittgenstein, a Life*.

《維根斯坦：一生》（*Wittgenstein, a Life*）。該傳記對維根斯坦直至 1921 年的人生有透澈的研究，也很可讀。

3. 維根斯坦其他相關文本

Notebooks 1914-16

　　《1914-1916 年筆記》[2]（*Notebooks 1914-16*）。該書是與《邏輯哲學論》最爲直接相關的材料。本書第 3 章開頭處討論過應該如何利用《筆記》。

"Some Remarks on Logical Form".（《有關邏輯形式的一些看法》）

Philosophical Remarks.（《哲學評注》）

Philosophical Grammar.（《哲學語法》）

Philosophical Investigations.（《哲學研究》）

　　有關維根斯坦這些後期著作的評論，見本書「接受與影響」。

4. 幾本弗雷格、羅素、拉姆齊的相關著作

Frege, *The Foundations of Arithmetic*.

　　《算術基礎》（*The Foundations of Arithmetic*）。單純從哲學的角度來看，該書是弗雷格的傑作。這本書有革命性

---

[2] 　該書可參考如下中譯本：(1)「邏輯筆記（1913 年）」、「向穆爾口述的筆記（1914 年 4 月）」、「1914-1916 年筆記」，見《邏輯哲學論及其他》，陳啓偉譯，北京，商務印書館，2014 年 9 月第 1 版；(2)《戰時筆記（1914-1917）》，韓林合譯，北京，商務印書館，2013 年 6 月第 1 版。——譯者注

的哲學影響，卻又寫得極其清晰，因此即便不談它與維根斯坦的工作有何相干，我也極力推薦。不過，在《邏輯哲學論》本身當中，《算術基礎》一書影響到維根斯坦思想的證據，比《算術基本法則》（*Basic Laws of Arithmetic*）少得多。這點有一個主要的例外，就是所謂的「語境原則」——「一個詞只在一個句子的語境中有意謂」（參見《邏輯哲學論》3.3 和 3.314）。維根斯坦反覆重述這一思想，從他早期到後期的哲學著作中一直如此。

Frege, *The Basic Laws of Arithmetic*.

《算術基本法則》（*The Basic Laws of Arithmetic*）。這是弗雷格嘗試完整實施其「邏輯主義」綱領的著作。這一綱領就是把數論的眞命題表示爲可從一小組基本邏輯公理推導出來的定理。該系統的重大缺陷是包括了這樣一條公理（VB），它使得系統可以推出矛盾。取自《邏輯哲學論》的內在證據表明，弗雷格的這份文本，尤其是第一卷開頭以散文體寫成的導論性章節，是維根斯坦寫作《邏輯哲學論》時最下功夫研讀的。

Russell, *Principles of Mathematics*.

《數學的原理》（*Principles of Mathematics*）。該書大有可能是最初影響了維根斯坦，使他對數學基礎產生興趣，進而對哲學產生興趣的因素之一。

Russell, "The Philosophy of Logical Atomism".

〈邏輯原子主義哲學〉（The Philosophy of Logical Atomism）。羅素版本的邏輯原子主義，很值得拿來與《邏輯哲學論》做一比對。

F. P. Ramsey, "The Foundations of Mathematics".

〈數學的基礎〉（The Foundations of Mathematics）。
該文開頭幾頁，至今仍是《邏輯哲學論》的邏輯學說最佳的
導引材料之一。

5. 幾本有關《邏輯哲學論》的新近書目

Anthony Kenny, *Wittgenstein*.

《維根斯坦》（*Wittgenstein*）。我把該書排在首位，
因爲其中對《邏輯哲學論》有格外清晰的介紹。儘管我並不
贊同他的某些解讀，但該書仍比其他講《邏輯哲學論》的大
多數材料可靠得多。

G. E. M. Anscombe, *An Introduction to Wittgenstein's Tractatus*.

《維根斯坦〈邏輯哲學論〉導論》（*An Introduction to Wittgenstein's Tractatus*）。該書題名雖稱爲「導論」，本科
生一般仍會覺得難讀。但這本書是哲學上最透澈的一份研究
作品。

Erik Stenius, *Wittgenstein's Tractatus*.

《維根斯坦〈邏輯哲學論〉》（*Wittgenstein's Tractatus*）。雖然該書對《邏輯哲學論》中邏輯學方面的處
理令人失望，但其他方面仍值得一讀。尤爲有趣（而無論對
錯）的是作者對維根斯坦和康德的比較。

James Griffin, *Wittgenstein's Logical Atomism*.

《維根斯坦的邏輯原子主義》（*Wittgenstein's Logical*

Atomism）。如題名所示，該書是對《邏輯哲學論》的「原子主義」的一次有趣的探索，不過我覺得，就《邏輯哲學論》所說的對象會是什麼這一問題，他完全弄錯了。

A. Crary and R. Read (eds.), *The New Wittgenstein*.

　　《新維根斯坦派》（*The New Wittgenstein*）。若有興趣深入了解「新維根斯坦派」（見第 7 節，「4.『治療性』讀法」），可參考這份有代表性的文集。

6. 幾篇討論《邏輯哲學論》的文章

P. T. Geach, "Wittgenstein's Operator N". （〈維根斯坦的 N 運算元〉）

R. M. White, "Wittgenstein on Identity". （〈維根斯坦論同一性〉）

　　這兩篇文章有助於理解《邏輯哲學論》中專涉邏輯學的一些方面。

P. T. Geach, "Saying and Showing in Wittgenstein and Frege". （〈維根斯坦和弗雷格的言說和顯示〉）

　　該文是論言說／顯示之分的一篇關鍵文章。

P. M. Simons, "The Old Problem of Complex and Fact". （〈複合體和事實的老問題〉）

　　該文是研究維根斯坦分析觀的佳作。

P. M. Sullivan, "The Totality of Facts", "A Version of the Picture Theory", "Wittgenstein's Context Principle". （〈諸事實的總和〉、〈圖畫理論的一個版本〉、〈維根斯坦的語境

原則〉）

　　新近論《邏輯哲學論》的文章中，很多最佳作品出自彼得・沙利文之手。這 3 篇尤其值得一讀。

參考文獻

Anscombe, G.E.M., *An Introduction to Wittgenstein's Tractatus* (Hutchinson: London, 1959).

Austin, J.L., 'Unfair to Facts' (1954; reprinted in Austin, *Philosophical Papers*, 154-74).

—*Philosophical Papers* (ed. J.O. Urmson and G.I Warnock; OUP: Oxford, 1970).

Crary, A. and Read, R. (eds.), *The New Wittgenstein*(Routledge: London, 2000).

Fogelin, R.J., *Wittgenstein* (2nd edn; Routledge: London, 1987).

Frege, G., *Begriffsschrift* (Verlag von Louis Nebert: Halle, 1879 [trans. *Conceptual Notation* by T. W. Bynum; OUP: Oxford, 1972]).

—'On Sense and Reference' (1892) in *Translations from the Philosophical Writings of Gottlob Frege* (ed. and trans. P.T. Geach and M. Black, Blackwell: Oxford, 1952), 56-78.

—*Foundations of Arithmetic* (1884; trans. J.L. Austin; Blackwell: Oxford, 1959).

—*The Basic Laws of Arithmetic* (Vol. I, 1893; trans. and ed. Montgomery Furth; University of California: Berkeley, 1964).

—*Posthumous Writings* (ed. Hermes, Kambartel and Kaulbach; trans. Long and White; Blackwell: Oxford, 1979).

Geach, P.T., 'Wittgenstein's Operator N', *Analysis* 41 (1981): 168-70.

—'Saying and Showing in Wittgenstein and Frege', in Hintikka, *Essays in Honor of G. H. von Wright*.

Griffin, James, *Wittgenstein's Logical Atomism* (OUP: Oxford, 1964).

Hertz, H. (ed. Philipp Lenard), *Die Prinzipien der Mechanik in neuem*

Zusammenhange dargestellt (J.A. Barth: Leipzig, 1894).

Hintikka, J. (ed.), *Essays in Honor of G. H. von Wright, Acta Philosophica Fennica* 28 (North-Holland Pub. Co: Amsterdam, 1976).

Kant, I. *Critique of Pure Reason* (1781, 1787; trans. N. Kemp Smith; Macmillan: London, 1929).

Kenny, Anthony, *Wittgenstein* (1973; rev. edn; Blackwell: Oxford, 2006).

Lee, D. (ed.), *Wittgenstein's Lectures, Cambridge 1930-32* (Blackwell: Oxford, 1980).

McGuinness, B.F., *Wittgenstein, a Life: Young Ludwig (1889-1921)* (Duckworth: London, 1988).

Ramsey, F.P., 'The Foundations of Mathematics' (1925; reprinted in Ramsey, *Philosophical Papers*, 164-224).

—*Philosophical Papers* (ed. D.H. Mellor; CUP: Cambridge, 1990).

Russell, Bertrand, *Principles of Mathematics* (Allen and Unwin: London, 1903).

—'The Philosophy of Logical Atomism' (1918, reprinted in Russell, *Collected Papers 8*).

—*Introduction to Mathematical Philosophy* (Allen and Unwin: London, 1919).

—Introduction to Wittgenstein's *Tractatus*.

—*Collected Papers 8: The Philosophy of Logical Atomism and Other Essays* (1914-19; ed. John G. Slater; Allen and Unwin: London, 1986).

Simons, P.M., 'The Old Problem of Complex and Fact' (1983; reprinted in Simons, *Philosophy and Logic*, 319-38).

—*Philosophy and Logic in Central Europe from Bolzano to Tarski* (Kluwer: Dordrecht, 1992).

Stenius, Erik, *Wittgenstein's Tractatus* (Blackwell: Oxford, 1975).

Sterrett, Susan, *Wittgenstein Flies a Kite* (Pi Press: New York, 2006).

Strawson, P.F., 'Truth', in *PAS* Supp. vol. 24 (1950): 129-56.

Sullivan, P.M., 'The Totality of Facts', in *PAS* 100(2000): 175-92.

—'A Version of the Picture Theory', in W.Vossenkuhl, 2001: *Wittgenstein*, 2001, 89-110.

—'Wittgenstein's Context Principle', in W. Vossenkuhl, *Wittgenstein*, 65-88.

Vossenkuhl, W. (ed.), *Wittgenstein: Tractatus-Klassiker Auslegen* (Akademie Verlag: Berlin, 2001).

White, R.M., 'Wittgenstein on Identity', *PAS* 78 (1978): 157-74.

Whitehead, A.N. and Russell, B., *Principia Mathematica*, vol. I (CUP: Cambridge, 1st edn 1910, 2nd edn 1925).

Wittgenstein, L., *Notebooks 1914-16* (ed. G.H. von Wright and G.E.M. Anscombe; 2nd edn; Blackwell: Oxford, 1979).

—*Letters to C. K. Ogden* (Blackwell:Oxford, 1973).

—*Tractatus Logico-Philosophicus* (trans. C.K. Ogden; Routledge: London, 1922; trans. D.F. Pears and B.F. McGuinness; Routledge: London, 1961).

—'Some Remarks on Logical Form', *PAS* Supp. vol. 9 (1929): 162-71.

—*Philosophical Remarks* (ed. R. Rhees; trans. R. Hargreaves and R.M. White; Blackwell:Oxford, 1975).

—*Philosophical Grammar* (ed. R. Rhees; trans. A. Kenny; Blackwell: Oxford, 1974).

—*The Big Typescript TS 213* (ed. and trans. C.G. Luckhardt and M.A.E. Aue; Blackwell:Oxford, 2005).

—*Philosophical Investigations* (trans. G.E.M. Anscombe; Blackwell: Oxford, 1953).

譯者說明

　　本書引自維根斯坦《邏輯哲學論》等原著的段落和術語，均由本人重新翻譯，也參考了現有的各家譯本。引自維根斯坦《哲學研究》的段落主要採用陳嘉映先生的譯文*，個別地方有微調。

　　譯文錯漏之處，望讀者不吝指正。

張曉川

---

*　《哲學研究》，陳嘉映譯，臺北，五南圖書，2020 年 5 月第 1 版。
　　——編者注

索 引

經典哲學名著導讀 016

1B1G

維根斯坦與《邏輯哲學論》
Wittgenstein's *Tractatus Logico-Philosophicus*

作　　者	羅傑‧M.懷特（Roger M. White）
譯　　者	張曉川
發 行 人	楊榮川
總 經 理	楊士清
總 編 輯	楊秀麗
副總編輯	蘇美嬌
封面設計	王麗娟
出 版 者	五南圖書出版股份有限公司
地　　址	106台北市大安區和平東路二段339號4樓
電　　話	(02)2705-5066
傳　　真	(02)2706-6100
劃撥帳號	01068953
戶　　名	五南圖書出版股份有限公司
網　　址	https://www.wunan.com.tw
電子郵件	wunan@wunan.com.tw
法律顧問	林勝安律師
出版日期	2020年 11 月初版一刷
	2023年 8 月初版二刷
定　　價	新臺幣320元

國家圖書館出版品預行編目資料

維根斯坦與《邏輯哲學論/羅傑.M.懷特(Roger
　M. White)著；張曉川譯. -- 初版. -- 臺
　北市：五南，2020.11
　　面；　公分
　譯自：Wittgenstein's tractatus logico-
　　　　philosophicus.
　ISBN 978-986-522-257-4 (平裝)

　1.維根斯坦(Wittgenstein, Ludwig Josef
　　Johann, 1889-1951)
　2.哲學　3.邏輯　4.語意學

144.79　　　　　　　　　　　　109013458

經典永恆・名著常在

五十週年的獻禮——經典名著文庫

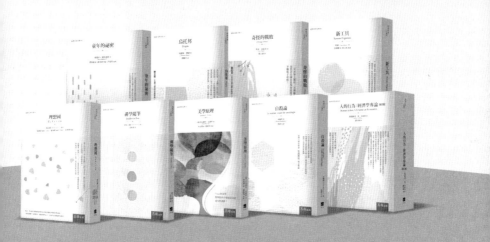

五南，五十年了，半個世紀，人生旅程的一大半，走過來了。

思索著，邁向百年的未來歷程，能為知識界、文化學術界作些什麼？

在速食文化的生態下，有什麼值得讓人雋永品味的？

歷代經典・當今名著，經過時間的洗禮，千錘百鍊，流傳至今，光芒耀人；

不僅使我們能領悟前人的智慧，同時也增深加廣我們思考的深度與視野。

我們決心投入巨資，有計畫的系統梳選，成立「經典名著文庫」，

希望收入古今中外思想性的、充滿睿智與獨見的經典、名著。

這是一項理想性的、永續性的巨大出版工程。

不在意讀者的眾寡，只考慮它的學術價值，力求完整展現先哲思想的軌跡；

為知識界開啟一片智慧之窗，營造一座百花綻放的世界文明公園，

任君遨遊、取菁吸蜜、嘉惠學子！